천 년의 향기 편지로 남다

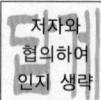

천 년의 향기 편지로 남다

지은이 | 이 재 원
펴낸이 | 장 소 임
펴낸곳 | 돌쇨 답게

초판 인쇄 | 2008년 5월 8일
초판 발행 | 2008년 5월 15일

등 록 | 1990년 2월 28일, 제 21-140호
주 소 | 143-838 서울시 광진구 군자동 469-10호(2층)
전 화 | (편집) 02)469-0464, 02)462-0464 · (영업) 02)463-0464, 498-0464
팩 스 | 02)594-0464

홈페이지 | www.dapgae.co.kr
e-mail | dapgae@chollian.net, dapgae@korea.com

ISBN 978-89-7574-227-9

ⓒ 2008, 이재원

나답게 · 우리답게 · 책답게

* 책값은 뒤표지에 있습니다.
* 잘못 만들어진 책은 구입하신 서점에서 교환해 드립니다.

千年의 香氣
천년 향기

편지로 남다

이재원 지음

도서출판 답게

아지랑 넘어 千年의 春夢

책을 내며

빨간 우체통이 있는 동네에서 살고 싶다

 언제부터였을까. 책상 서랍을 열 때마다 우표 한 장이 눈에 띈다. 우표는 늘 그 자리에 있다. 서랍을 정리할 때도 그 우표만큼은 건드리지 않게 되는데, 꼭 누군가에게 전해야 할 사연과 무게가 담겨 있는 것 같기 때문이다. 220(2006년 11월 1일부로 250원으로 인상되었음)이라고 찍힌 숫자는 내 마음을 전달할 수 있는 최소의 비용이면서 최대의 가치를 지니고 있고 전국 어디로든 보낼 수 있는 생명력도 가지고 있다. 이 우표를 보면 내가 아주 부자인 것 같은 생각이 든다.
 증조부는 목수이셨다. 그 영향 때문인지 나는 나무를 무척 좋아한다. 나뭇결만 보면 만지고 싶고, 만져지는 그 촉감이 너무 좋아 쉬 지나치지 못한다. 그리고 그 나무들이 나의 발목을 잡는 더 큰 이유는 지나온 세월을 셀 수 있는 나이테가 있기 때문이다. 그

나이테 안에는 봄 여름 가을 겨울 즉 사계(四季)가 담겨져 있는데, 그중 나이테의 진한 선을 만드는 것은 겨울이다. 추운 겨울, 성장을 멈추고 인고의 시간을 버텨 내야만 일 년을 살았다는 상징인 나이테가 비로소 생기는 것이다.

나는 그런 나이테 400여 개가 촘촘하게 박혀 있는 편지를 보았다. 400여 년 전 아내가 죽은 남편의 가슴에 고이 묻어 둔 한지(韓紙)였다. 죽음조차 갈라놓을 수 없는 부부의 사랑이 담겨 있으며, 남편의 죽음을 허락하지 못하는 아내의 아픔이 배어나는 이별 편지였다. 편지의 나이테에는 마침표가 없었다.

서책처럼 쌓여 있는 변산 채석강의 바위들을 볼 때마다 해와 달, 별과 바다, 바람과 파도, 비와 눈이 매일 밤 적고 접어서 묶어 놓은 편지 뭉치 같다는 생각이 든다. 잰걸음으로 편지지 위를 총총 걸으며 편지를 쓴 주체들과 제각기 눈을 맞추고 저마다의 이야기 속으로 빠져들다 보면, 편지가 먼 과거의 허공 속을 날아다니는 듯싶다.

860여 년 전 고려시대, 낡은 돌판에 새긴 편지의 주인공을 떠올린다.

"사랑하는 내 아내의 이름은 경애다. 믿음 하나만으로 맹세하노니 그대를 어찌 감히 잊을 수 있단 말이오. 세상에 나만 홀로 남겨져 그대 잠들어 있는 무덤까지 함께 따라가지 못하는 이내 심정 아프다 못해 애통하도다."

남편은 죽은 아내의 이름을 목이 쉬도록 부르고 애달파 하면서 자신의 심정을 돌에 새겼다. 세상에서 가장 큰 편지를 가지고 있는 채석강 주변에는 아직도 남겨진 빈 노트 같은 편지지가 많이 놓여 있다. 혹시 운이라도 좋아 편지지 한 장 얻을 수 있다면…….

사람이 그리워지면 강릉 초당의 소나무 숲을 찾는다. 미끈하게 뻗은 적송(赤松)과 솔향기 그득한 오솔길이 사람을 매혹시키고 위로하기에 충분하다. 솔 숲 사이로 나 있는 길을 따라가다 보면 사시(四時) 내내 푸름을 간직하고 있던 나무가 제 기운을 다한 듯 가지를 떨어뜨리는 소리를 드물지 않게 듣게 된다. 정말 꽃다운 소리다. 복 받은 그 울림에 길손마저 가던 길을 멈추게 된다. 나는 이 선비다운 소나무의 절개를 닮고자 부러진 소나무 가지로 붓을 삼고 싶었다. 소나무 가지 끝에 먹물을 푹 담가 달빛 닮은 채석강 편지지에 정성 가득한 편지를 쓰고 싶다. 그리고 내 서랍 속의 우표 한 장을 붙이고 싶다.

수백 수천 년 뒤에도 감동으로 다가올 수 있으며, 교훈을 얻을 수 있는 것이 편지다. 편지가 더욱 값지게 느껴지는 이유는 글쓴이의 마음을 오랜 시간이 지난 후에도 느낄 수 있고, 말로는 다 담아내지 못하는 심연의 언어들을 담을 수 있기 때문이다. 또 우리가 항상 사용하는 말에는 없는 지속성을 지니고 있다는 점이 편지의 가장 큰 덕목이다. 세상 어디를 둘러보아도 편지만 한 것이 없다.

나는 편지로 누군가와 마음을 나눌 수 있다고 생각한다. 만일 가슴속에 피아노 건반이 있다면 가장 낮은 음계인 '라' 음을 누르고 있는 것 같은 느낌의 편지들을 찾아내고 싶었다. 편지를 통해 사랑과 영혼이 결합되는 과정이 얼마나 눈물겹고 또 얼마나 아름다운지를 알리고 싶었다.

나는 '끝까지'라는 단어의 의미가 가장 잘 녹아 있는, 적게는 백 년에서 많게는 천 년 가까이에 이르는 나이테를 가진 편지들을 모아 보았다. 400여 년 넘게 망자(亡者)의 가슴을 덮고 있던 아내의 절절한 사랑의 편지를 시작으로 860여 년 전 "사랑하는 내 아내의 이름은 경애다"라고 시작한, 낡은 돌판에 새겨 쓴 편지, 다산 정약용의 가족애 넘치는 편지, 신분의 차이를 넘어 조선시대 가장 아름다운 연문(戀文)으로 꼽히는 기생 홍낭의 편지, 사제지간의 강인하면서도 끈끈한 믿음을 보여 주는 세한도, 시집간 딸을 위해 묵묵히 딸 대신 바람막이가 되어 주는 친정아버지의 깊고도 간절한 편지 등 손에서 쉬이 내려놓지 못할 편지들을 이 책에서 만날 수 있다. 편지를 읽다가 다가오는 감동을 감당할 수 없어 이를 외면하거나, 돌다리 건너듯 총총 지나칠 사람이 있지는 않을는지 조심스럽다.

사랑이 슬프면 영혼이 아프다.

빨간 우체통이 있는 동네에서 살고 싶다.

2008년 4월 강릉 해람지에서

이 재 원

프롤로그

  사랑하는 사람의 손바닥에 사랑한다고 써 보자.
  사랑하는 사람들끼리 사용했던 태초의 편지지는 손바닥이 아니었을까?

  세상 살기 버거울 때마다 친구처럼 곁에 두고 싶은 것이 있다. 그것은 천 년의 숨결이 살아 있는 편지다. 이 천 년 정신이 느껴지는 편지들을 읽다 보면 한없이 따스한 어머니의 손길 같은 느낌이 전해져 온다. 이 편지들은 내 안에 잠들어 있던 영혼이나 열정을 깨어나게 한다.
  다산이 유배생활의 어려움 속에서 보낸 가족 사랑 편지는 자녀들에게 해 주고 싶을 법한 이야기가 담겨 있어 가족이 모두 함께 읽어도 좋다. 홍낭의 피 같은 사랑, 애절하게 부르는 사모곡인 원이 아버지에게, 내 아내의 이름은 경애라는 겸손한 부름 등은 부부가 서로에게 권하고 싶을 만한 메시지가 담겨 있다. 스승과 제자 간에 넘치는 사제의 정은 끈끈하게 흐르는 강물 같고 시집간 외동딸을 위해 마음 졸이는 친정아버지의 사랑은 산이 되어 함께 가고자 손을 내밀고 있다.

  각 이야기별로 큰 감동과 교훈을 주는 편지들이 묶여 있으며, 제목별로 그 감동을 좀 더 부각시키기 위해 추사 김정희 종가에 전해져 오는 인장 날인을 편지 우표처럼 상징, 처리하였다. 그 이유는 인장에 새겨진 짧은 글이 그 누구라도 세상에 말하고 싶었을 많은 이야기를 담고 있기 때문이다.

  처음에는 제목을 사랑 믿음 존경이라는 기본 방향과 관계 설정에 어울리는 『가향전기(家香牋記) - 집안을 향기롭게 하는 편지』로 정하였으나 제목이 너무 어렵다는 주위 분들의 지적에 따라 『천 년의 향기 편지로 남다』로 바꾸었다. 삶의 향기가 묻어나는 편지가 결국 천 년의 향기로 남아 있는 것이다.

  이 책을 내면서 부끄럽고 부족한 부분을 밝히고자 한다. 원고를 쓰면서 재미있고 쉽게 읽을 수 있도록 서한문을 재해석하면서 전문적인 학술적 고증 절차나 토론을 거치질 못했다는 점이다. 다만 낡고 오래된 편지의 주인공들의 입장을 좀 더 이해하고자 했고, 우리 선조들의 내면세계를 글로 풀어서 요즘 감각에 맞추고자 애를 썼음을 얘기하고 싶다. 사진이나 작품 해설 부분은 원작의 기본을 준수했고 편지가 쓰였을 당시의 분위기나 감정이 이랬을 것이라는 막연한 작가 본인의 주관 또는 생각과 결부시켰으나 편지 내용을 훼손하지 않는 범위 내에서 표현하고자 하였다.

한학을 공부하는 사람이다 보니 내용에 있어서 잘못 해석된 부분이나 작가의 감정에 치우친 의견으로 잘못 기술한 부분도 있을 것이다. 많은 이해와 질타를 바란다.

차 례

책을 내며 5
프롤로그 11

피 같은 사랑 — 기생 홍낭과 고죽 최경창
　400여 년이 넘은 연서(戀書)를 찜하다　19
　시를 읊다…… 그리고 사랑에 빠지다　22
　묏버들 가려…… 나인가도 여기소서　24
　비구름에 청산은 어둡나니　28
　그래서…… 지독한 사랑이라 부른다　32

사모곡(思慕曲) — 원이 아버지에게
　400백 여 년 세월 사랑하는 임의 가슴을 덮다　41
　머리카락으로 삼은 미투리　49
　하늘을 능히 이기는 꽃, 능소화(凌霄花)　59

가족 사랑 — 다산(茶山) 정약용(丁若鏞)
  아나운서를 울게 만든 한시(漢詩) 한 편 70
  고물상 할머니로부터 건네받은 하피첩(霞帔帖) 80
  아내여…… 아내여…… 97
  유배지에서 보낸 편지…… 아들아! 100
  노을 빛 명주천에 담아 보낸 사랑 130
  매조도…… 위대한 학자를 낳다 136
  이별은 짧다네, 친구여! 145

끝없는 사랑 — 아버지의 이름으로
  네가 있어서 참으로 고맙다 151
  걱정을 내려놓으려 해도…… 154
  이 김지수(金智洙)를 용서하소서 169
  널 떠나보내려니 내 속에 남아 있는 게 없구나 174
  마음 둘 곳 잃어 길을 걷다 181
  오늘은 취하고 싶구나 186

낡은 돌판 위의 편지 — 내 아내의 이름은 경애다
　내 아내의 이름은 "경애(瓊愛)"　191
　낡은 돌판에 새겨진 편지 '접시꽃 당신'　193
　염경애의 남편 최루백　201
　아름다운 이름, 어머니로 남아 있는 여인이여!　206

사제의 정(情) — 세한도
　한겨울 바람이 불어야 제 맛이 나는 세한도　211
　세한도 속을 거닐다　214
　추사의 가슴 깊은 곳에서 우러나는 편지(발문：跋文)　222
　이상적의 감동 어린 답장과 청나라 명사들의 찬사　230
　평생지기(平生知己)로 함께 했던 수묵화　278
　미군 폭격을 가까스로 모면한 세한도의 숙명　281

에필로그　285
참고문헌　287

피 같은 사랑

기생 홍낭과 고죽 최경창

묏버들 가려 꺾어 보내노라 임에게
주무시는 창밖에 심어 두고 보소서
밤비에 새잎 나거든 나인가도 여기소서

率 眞 (솔진)
"성실하고 진실되다."
한 사람을 향한 마음이 얼마나 감동적인지를
깨닫게 하는 의미가 담겨 있다.

400여 년이 넘은 연서戀書를 찜하다

　당대 명문 집안의 사대부와 노비나 다름없는 기생 간에 오고 간 애달픈 연시(戀詩) 서첩이 2000년 11월에 공개되었다. 유교적 질서가 엄격하고 신분제도와 남녀 간 내외법이 존재했던 400여 년 전 조선시대, 그 시대의 가장 아름다운 연문(戀文)으로 손꼽히는 시(詩)들이다.

　주인공은 조선 8대 문장가 중 한 사람인 고죽(孤竹) 최경창(崔慶昌, 1539~1583)과 재색을 겸비한 경성의 이름난 기생 홍낭(洪娘)이다.

　공개된 서첩에는 홍낭의 시뿐만 아니라 고죽의 시 세 편도 수록되어 있고, 서첩 말미에는 둘 사이의 만남부터 사랑 그리고 이별까지의 사연이 세세히 적혀 있다. 고죽이 직접 서문 형식으로 써 놓은 것이다.

萬曆癸酉秋余以北道評
事赴幕洪娘隨在幕中
翌年春余歸京師洪娘追
及雙城而別還到咸關嶺値
日暮雨暗乃作歌一章以寄
余其後音問相絕歲乙亥余
疾病沉綿自春徂冬未離
枕褥洪娘聞之即日發行凡

七晝夜已到京城時有兩界之
禁且遘國恤練雖已過非
如平日人多以此言之者遂免
官洪娘無還其土於其別書以
贈之

萬曆丙子夏 孤竹病人

고죽은 계유(癸酉, 1573)년 가을에 함경도 경성으로 부임했고, 이듬해 봄에 한양으로 돌아간다. 을해(乙亥, 1575)년 봄부터 겨울까지 병석 중이었으며 병자(丙子, 1576)년 여름에 이 서첩을 썼다. 과연 이 사연 보따리에 어떤 내용이 들어 있을까?

순수한 사랑과 이별이 어깨동무하고 걸어가고 있다. 그 당시 사랑의 흔적을 한 페이지로 남긴 사람이 고죽 말고 또 있을까 싶다.

시를 읊다…… 그리고 사랑에 빠지다

조선 선조 때의 시인 고죽 최경창은 1573년 가을, 함경도 경성에 북도평사(北道評事)로 부임한다. 경성은 한양에서 이천 리 길이 넘게 걸리는 변방으로, 많은 군대를 둔 국방의 요지였다. 당시 변방에 부임하는 관리는 가족을 데려가지 않았는데, 변방은 오랑캐와 근접한 지역이라 군사 활동에 전념하도록 하기 위해서였다. 그 대신 기녀(妓女)들이 배속되어 관리의 외로움을 덜어 주도록 했다. 조선시대의 기생들은 모두 '관물(官物)' 취급을 받았는데, 그들은 관아에 속해 있었으며, 노비나 다름없는 천민 신분이었지만 재색과 지혜를 갖추고 양반과 풍류를 나누면서 사대부 문화의 한 축을 맡았다.

이익 등과 함께 8대 문장가로 이름을 날린 고죽 최경창을 두고 율곡 이이는 "고죽은 성품이 깨끗하고 하는 일마다 선이 되는 사람이니, 그 청고한 절조는 실천하기 어려운 일이다"라고 말하였다. 또한 우암 송시열은 "사람 때문에 시가 가려진다더니, 도리어 시 때문에 사람이 가려졌구나"라며 고죽의 뛰어난 문장력과 청아한 품격을 높이 샀다.

  고죽과 홍낭, 두 사람의 만남은 우연인 것 같으나 뒤돌아보면 그들의 만남은 가히 운명적이라 할 수 있다. 경성 고을 원님이 기생들을 데리고 새로 부임한 최경창을 위해 약주를 대접하면서 주거니 받거니 시를 읊는데, 이 자리에 있던 홍낭이란 기생이 고죽 최경창의 시를 많이 읊기에 고죽이 "누구의 시를 좋아하느냐?" 하고 묻자 "고죽 선생의 시를 좋아한다"라고 답하였고, "내가 바로 고죽이다" 하며 그들의 첫 만남이 이루어진 것이다.

  홍낭은 평소 고죽의 문장을 좋아하고 따르는 것을 낙으로 삼고 살아왔는데, 바로 눈앞에 있는 이가 고죽 선생이라니 가슴이 벅찼을 것이다. 이렇게 해서 당대의 학자나 문인들로부터 인정을 받을 만큼 고고한 성품을 지닌 고죽과 재색을 겸비한 경성의 이름난 기생 홍낭은 한눈에 사랑에 빠진다. 고죽의 새끼손가락과 홍낭의 새끼손가락 사이에 운명의 붉은 실이 고리처럼 끼워진 것이다. 고죽은 홍낭이 자신의 처소인 경성 병영에서 함께 지냈다고 서첩에 적고 있다. 두 사람은 추운 겨울을 함께 지내며 단순히 사랑하는 연인 사이를 뛰어넘어 시와 풍류를 교류하면서 마음을 나누고 정신적인 믿음을 키웠을 것이다.

묏버들 가려…… 나인가도 여기소서

고죽과 홍낭이 겨울을 함께 보낸 후, 고죽은 이듬해 봄 한양으로 돌아가게 된다. 홍낭은 경성에서 쌍성(지금의 영흥)까지 며칠 길을 마다하지 않고 천 리가 넘는 길을 배웅한다. 배웅하는 거리만큼 돌아갈 길이 길어진다는 것을 아는 홍낭의 발걸음은 어떠했을까? 아쉬운 발길을 돌리질 못하고 한 걸음만 더, 조금만 더, 했던 것이 어느덧 천 리 길이 되었구나! 홀로 돌려보내야 하는 길임을 알기에 고죽 또한 이제 그만 돌아가라고 말리고 타일렀을 것이다. 얼마나 아쉬움이 큰 이별이었을지 짐작이 간다. 지도첩을 눈짐작으로 보더라도 배웅한 길이 함경도 경성에서 한양까지 반 정도의 거리다. 이별한 뒤 돌아가는 길은 서로 등을 대고 걷는 길이 아닌가? 가면 갈수록 멀어지는 이별의 길이기에, 뒤돌아서는 쓸쓸함에 눈물이 앞을 가린다. 홍낭이 함관령(咸關嶺, 함흥과 홍원 사이)이란 곳에 이르렀을 때 날은 저물었고 비마저 뿌리고 있었다. 이에 홍낭은 멀리 내다보며 손짓하는 것 같은 버드나무 가지를 빌어 임에게 보내는 간곡한 사모의 정으로 시 한 수를 적어 보낸다. 짧은 문장 속의 애틋한 사연에는 마음이나마 고죽 곁에 머물기를 원하는 내용이 담겨 있다.

묏버들 가려 꺾어 보내노라 임에게
주무시는 창밖에 심어 두고 보소서
밤비에 새잎 나거든
나인가도 여기소서

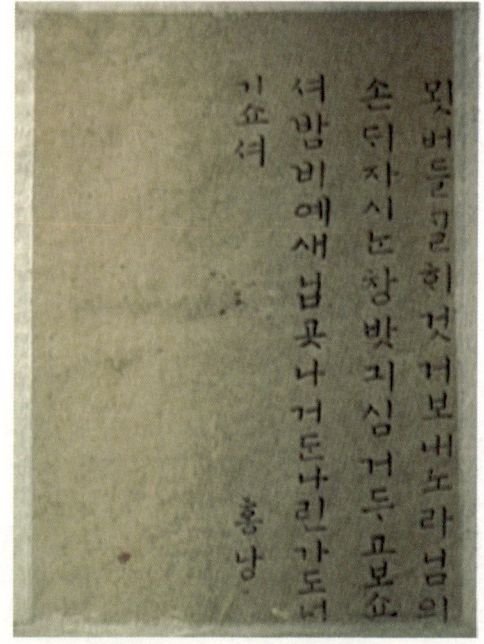

:: 홍낭이 친필로 쓴 시.

커다란 바위를 품어 산이 되는 껴안음은 "당신이 아니면 안 된다"는 연문(戀文)일 수도 있다. 이 문장에 더할 수 있는 내용은 아무것도 없다. 이 짧은 문장에서 뺄 수 있는 내용은 더더욱 없다.

이 시는 조선시대를 지나 현재까지의 아름다운 연시(戀詩)들 중에서도 으뜸으로 뽑힌다. 이별과 연관된 시는 많지만 이처럼 멋과 가락이 살아나고 낭만적인 분위기가 풍기는 시는 드물기 때문이다.

홍낭이 임을 사모하는 마음의 정표를 묏버들이라 표현한 이유 중 하나는 봄이 오는 길목을 지나는 봄 손님 중 대표적인 것이 버들이기 때문이요, 버드나무에 피는 버들개지 솜털이 바람 부는 방향대로 간절한 소망을 담아 보낼 수 있는 전달 기운을 가지고 있기 때문이 또 하나요, 버들가지 꺾어 웬만한 땅에 꼽기만 해도 스스럼없이 뿌리를 내리고 잎사귀를 틔우는 인고의 생명을 가지고 있기 때문이 마지막 이유다. 그래서 홍낭은 스스로를 버들이라 불렀다. 홍낭은 창가에 가장 가까이 다가갈 수는 있지만 집 안에 결코 들어갈 수는 없는 자신의 처지인 기생을 표현하기 위한 도구로 버들을 선택하였다.

折楊柳寄與千里　　절양류기여천리
人爲我試向庭前種　　인위아시향정전종
須知一夜新生葉　　수지일야신생엽
椎悴愁眉是妾身　　추췌수미시첩신

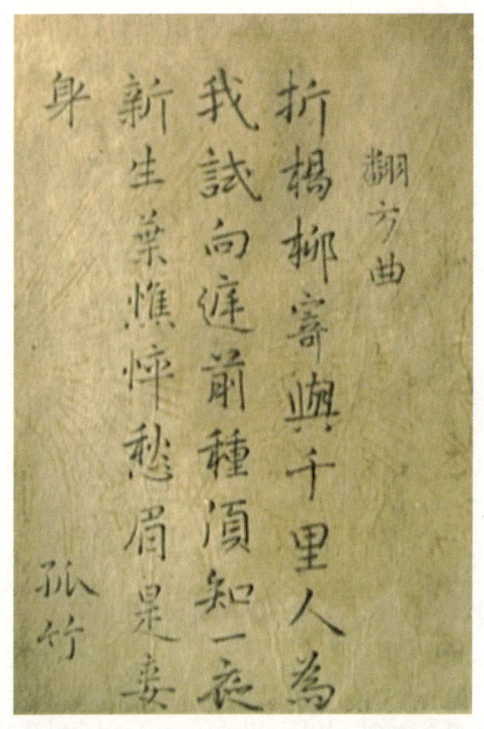

:: 홍낭의 한글 시를 고죽이 한문으로 번역해 놓은 번방곡(飜方曲) 원본.

　이 한시는 최경창이 홍낭의 한글 시를 한문으로 번역(飜譯)해 놓은 번방곡(飜方曲)이다. 홍낭이 전하는 순결하면서도 애틋한 숨결을 그대로 우려낸 고죽의 눈물이었는지도 모른다. 고죽에게는 점이 될 때까지 돌아서지 못하고 바라보던 한 여인의 모습이 가슴을 누르는 듯한 답답함으로 자리하고 있었다. 하늘 아래 가장 큰 고통은 침묵의 작별 인사를 하는 것이었을 것이다. 오죽했으면 사랑하는 사람이 쓴 한글 시를 한문으로 다시 번역해 놓았을까?

비구름에 청산은 어둡나니

그리고 2년 뒤 최경창이 깊은 병으로 드러누워 있다는 소식에 홍낭은 밤낮 이레간의 걸음을 재촉해 최경창을 찾아가 병간호를 한다. 이레간의 발걸음이 얼마나 초조하고 무거웠을까. 당시에는 양계의 금(兩界之禁)이 있었고 명종의 비인 인순왕후가 승하한 지 1년이 채 안 된 국휼(國恤)마저 겹쳐 있었다. 양계의 금이란 함경도와 평안도 사람들의 도성 출입을 금(禁)하는 제도를 말한다. 이것은 사람들이 중국과 접경한 변방으로 빠져나가는 것을 막아 국방 치안을 유지하기 위한 자구책이었다. 양계의 금은 엄격하게 지켜졌으며, 다른 지방 사람과의 혼인도 금할 정도였다.

결국 양계의 금기를 어기고 고죽의 곁에 머문 홍낭의 일이 알려지면서 사회적 문제로까지 야기되어 말썽을 일으키자 1576년 봄 사헌부는 최경창의 파직을 청하는 상소를 올린다.

"최경창은 학식과 견문을 갖추고 있고 사물까지 분별할 수 있는 능력을 갖춘 문관이면서도 몸가짐을 삼가지 않고, 북방 함경도의 관비를 불러들여 함께 살고 있으니 너무나 어이없는 일이옵니다. 하루빨리 파직을 명하여 조정의 질서를 마땅히 바로잡아 주소서."

결국 최경창은 관직에서 면직(免職)되었고 홍낭 역시 경성으로 돌아갈 수밖에 없게 된다. 병석에 누운 최경창을 찾아왔던 홍낭의 행동이 "고죽이 홍낭을 첩으로 삼았다"는 의외의 방향으로 비화되면서 두 사람이 동인과 서인 간에 벌어진 당쟁의 희생양이 된 것이다.

이때 최경창은 눈물로 홍낭을 떠나보내며 송별(送別)이란 제목으로 두 편의 한시를 지어 준다. 고죽은 당대 뛰어난 문장가로 꼽혔지만 벼슬길은 여기까지였다. 그러나 훗날 숙종 재위시 이조판서로 추서(追敍)되어 사후에 그 문장을 다시금 인정받게 된다.

相看脉脉贈幽蘭　　상간맥맥증유란
此去天涯幾日還　　차거천애기일환
莫唱咸關舊時曲　　막창함관구시곡
至今雲雨暗靑山　　지금운우암청산
물끄러미 바라보며 가슴속 깊이 간직한 단심(丹心)을 주노라
아득하게 먼 하늘 끝으로 이제 떠나면 언제 돌아오랴

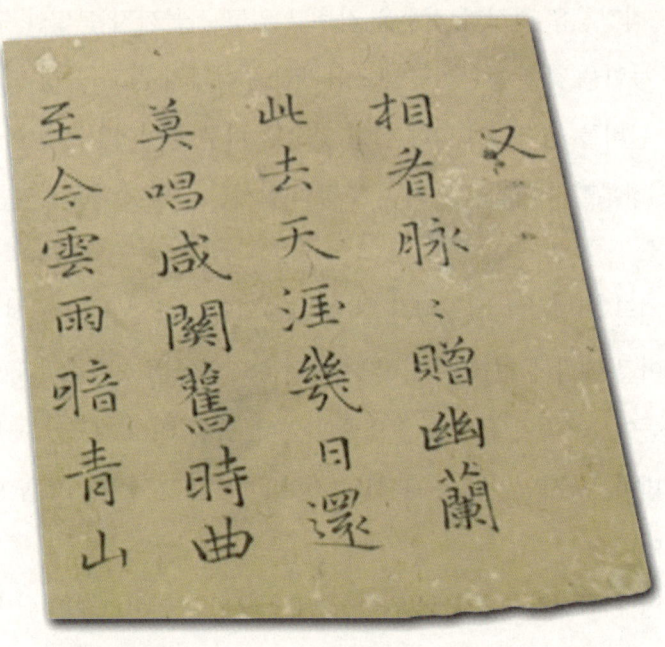

∷ 고죽집(孤竹集)에 실린 송별시(送別詩)('우(又)' 편).

함관령 넘으며 이별 당시 그 노래 부르지 마라
지금까지도 비구름에 청산은 어둡나니

　홍낭이 그리움이 흐르는 냇가에 피는 버들을 자신에 빗대어 얘기하자 고죽은 가슴속 깊이 간직한 붉은 마음(丹心)을 건네며 곧고 변함없는 자신의 마음을 대신한다. 난은 늘 푸르다. 사계절 내내 푸르기 때문에 소나무와 같이 절개를 의미하기도 한다. 선비의 도리를 보여 준 것이다. 비록 본인은 면직되었지만 그보다도 홀로 경성으로 돌려보내야 하는 연인에 대한 미안함과 홍낭의 처지에 대한 안타까움으로 푸른 산마저 어두워 보인다고 적고 있는 것이다.

　무릇 한 사나이가 그렇게 사랑하는 여인의 애틋한 정을 받았으니 그 따위 벼슬이 무슨 상관 있겠느냐? 벼슬과도 바꿀 수 없는 지고지순(至高至純)한 사랑임에야.

그래서…… 지독한 사랑이라 부른다

 이후 홍낭의 일로 면직당한 고죽이 변방의 한직으로 떠돌다가 마흔다섯의 나이로 객사하자 홍낭은 여인의 몸으로 무덤 옆에 움막을 짓고 얼굴과 머리를 씻지도 감지도 않은 채 3년 시묘(侍墓)살이를 한다.

　　　　산산이 부서진 이름이여!
　　　　허공 중에 헤어진 이름이여!
　　　　불러도 주인 없는 이름이여!
　　　　부르다가 내가 죽을 이름이여!

　　　　심중에 남아 있는 말 한 마디는
　　　　끝끝내 마저 하지 못하였구나

사랑하던 그 사람이여!
사랑하던 그 사람이여!

붉은 해는 서산마루에 걸리었다
사슴의 무리도 슬피 운다
떨어져 나가 앉은 산 위에서
나는 그대의 이름을 부르노라

설움에 겹도록 부르노라
설움에 겹도록 부르노라
부르는 소리는 비껴가지만
하늘과 땅 사이가 너무 넓구나

선 채로 이 자리에 돌이 되어도
부르다가 내가 죽을 이름이여!
사랑하던 그 사람이여!
사랑하던 그 사람이여!

— 김소월, 「초혼」.

조선시대의 여인은 한 남자를 따르고 섬기며 일부종사(一夫從事)하는 것이 절대적인 도덕관이었지만, 기생들에게는 예외였기에 의리나 절개를 요구하지 않는 것이 기생들의 보편적인 삶이었다. 아울러 그 당시 시류상 기생은 길가의 버들이나 담 밑의 꽃으로 여겨 누구나 꺾을 수 있다고 생각하였다. 이런 상황에서 남자의 접근과 주위의 온갖 유혹을 물리치고 정절을 지킨다는 것은 극히 어려운 일이었다. 그러나 홍낭은 고죽이 죽은 뒤 절개를 지키기 위해 스스로 얼굴을 상하게(自毁其容) 하여 흉하고 혐오스럽게 보이도록 해서 다른 남자의 접근을 막았다. 홍낭의 진실하고 지극한 사랑이 눈처럼 빛날 수밖에 없음을 잘 나타내 주는 부분이다.

기다림의 바다에서, 그리움의 바다에서, 풍요의 바다에서, 인고의 바다에서 일 년 사시사철 물기 어린 눈으로 하늘을 바라보며 숨죽여 통곡했을 홍낭에게 하늘 아래 가장 힘든 일은 사랑하는 이와의 영원한 이별이었으리라.

물기 어린 하늘이
햇볕을 만나 대지에 기다림의 씨를 떨어뜨리고
물기 어린 하늘이
풍요를 만나 그리움의 들판을 만들고
물기 어린 하늘이
바람을 만나 눈물을 거둬 가고
물기 어린 하늘이
이별을 만나 흰 눈 분연히 오래도 내립니다

"당신의 무덤을 지키는 동안 왜 당신 곁으로 빨리 나를 데려가지 않는가 원망도 하였지만 그대 없는 이 땅 위에 내가 더 있어야 하는 이유가 임진왜란이었군요. 당신과 내가 함께 즐겨 읊던 시조 가락과 문장을 이 전란 속에서 지켜 내고 보전해야만 하는 일이 바로 당신과 내가 오랜 기간 함께 할 수 있는 일임을 알고 있습니다."

그리고 임진왜란이 일어나자 홍낭은 고죽의 시와 문장을 추슬러 등짐을 지고 피난길에 올라 병화(兵火)를 면한다.

임진왜란이 끝나자 홍낭은 그 어려운 방랑 생활 중에도 애써 지켜 낸 시와 문장 등 고죽의 유품을 최씨 문중에 전달한 뒤 고죽의 무덤에서 생을 마감한다. 천민이나 다름없는 삶을 살아야 했던 기생 홍낭이 사랑하는 임을 위해 자신의 얼굴을 흉하게 만들면서까지 절개를 지키고, 7년간 계속된 전란 중에도 갖은 시련을 이겨 내어 고죽의 유품까지 지켜 낸 것은 목숨과도 같은 지극한 사랑이 아니고서는 불가능한 일이었다. 신분의 차이와 생이별 그리고 죽음이라는 뼈아픈 시련도 고죽과 홍낭의 사랑 앞에서는 장애가 될 수 없음을 몸소 보여 준 것이다.

기생 홍낭이 죽고 난 뒤 최씨(해주) 문중은 아무나 할 수 없는 지순고절(至純高節)한 그녀의 모습에 감동을 받아 최씨 집안사람으로 받아들이면서 후히 장례를 치러 주고 최경창 부부 합장묘 바로 아래 홍낭의 무덤을 만들어 주기에 이른다. 엄격한 유교의식이

:: 고죽 부부의 합장묘(뒤)와 홍낭의 무덤(앞).

:: 홍낭의 무덤 옆에 세워진 비석 시인홍낭지묘(詩人洪娘之墓).

가치관이었던 조선시대, 양반과 기생이라는 엄청난 신분 차이에도 불구하고 홍낭이 죽어서 양반의 선산, 그것도 사랑하는 임인 최경창의 곁에 머물 수 있었던 것은 사람의 마음을 움직이는 강한 힘, 사랑이 있었기 때문이다.

고죽과 홍낭 두 사람의 애절한 사랑 이야기는 집안 대대로 전해 내려와 지금까지 널리 회자(膾炙)되고 있다. 최씨의 후손들은 오늘날에도 갖은 예를 갖춰 홍낭의 묘를 돌보며 변함없이 제를 올리고 있다고 한다.

절개를 목숨같이 여길 줄 알고 재색과 지혜를 겸비했던 기생 홍낭은 일편단심 한 사람만을 사랑하고 그 사랑을 지켜 내기 위해 일생을 걸었던 여인이었다. 고죽 최경창 또한 당대의 학자나 문인들로부터 인정을 받는 수려한 문장과 곧은 성품을 지니고 있었고 사랑하는 여인을 위해서는 면직을 당하는 고통과 아픔을 감수하면서까지 그 여인을 끝까지 끌어안은 대장부였다. 짧은 만남 기나긴 이별 속에서도 서로를 저버리지 않고 변함없이 강건했던 사랑의 마음을 시 속에 담아내던 두 사람의 지극한 사랑은 멈춤을 모르는 생명의 강물로 400여 년 세월을 넘나든다.

사모곡(思慕曲)
원이 아버지에게

당신이 신고 오실 미투리 가슴에 안고
한도 없고 끝도 없는 그리움……
꿈으로나 품게 하지 마시고 이 신 신고 어서 오소서

言情(언정)
"진실하고 솔직한 마음을 이야기하다."
가슴에 남아 있는 한(恨)을 모아 실어 보내는
메시지가 담겨 있다.

400여 년 세월 사랑하는
임의 가슴을 덮다

원이 아버지에게.

병술년(1586년) 유월 초하룻날 아내가.

당신 언제나 나에게 둘이 머리 세도록 살다가 함께 죽자고 하셨지요.
그런데 어찌 나를 두고 당신 먼저 가십니까?
나와 어린아이는 누구의 말을 듣고 어떻게 살라고
다 버리고 당신 먼저 가십니까?
당신 나에게 마음을 어떻게 가져 왔고
또 나는 당신에게 어떻게 마음을 가져 왔었나요?
함께 누우면 언제나 나는 당신에게 말하곤 했지요.
"여보, 다른 사람들도 우리처럼 서로 어여삐 여기고 사랑할까요?
남들도 정말 우리 같을까요?"

어찌 그런 일들 생각하지도 않고 나를 버리고 먼저 가시나요?

당신을 여의고는 아무리 해도 나는 살 수 없어요. 빨리 당신께 가고 싶어요. 어서 나를 데려가 주세요. 당신을 향한 마음을 이승에서 잊을 수가 없고, 서러운 뜻 한이 없습니다. 내 마음을 어디에 두고 자식 데리고 당신을 그리워하며 살 수 있을까 생각합니다.

이내 편지 보시고 내 꿈에 와서 자세히 말해 주세요.

꿈속에서라도 당신의 말을 자세히 듣고 싶어서 이렇게 써서 넣어 드립니다.

자세히 보시고 나에게 말해 주세요.

당신 내 뱃속의 자식 낳으면 보고 말할 것이 있다 하고 그렇게 가시니 뱃속의 자식 낳으면 누구를 아버지라 하라시는거지요?

아무리 한들 내 마음 같겠습니까?

이런 슬픈 일이 하늘 아래 또 있겠습니까?

당신은 한갓 그곳에 가 계실 뿐이지만 아무리 한들 내 마음같이 서럽겠습니까? 한도 없고 끝도 없어 다 못 쓰고 대강만 적습니다.

이 편지 자세히 보시고 내 꿈에 와서 당신의 모습 자세히 보여 주시고 또 말해 주세요. 나는 꿈에서는 당신을 볼 수 있다고 믿고 있습니다. 몰래 와서 보여 주세요. 하고 싶은 말 끝이 없어 이만 적습니다.

1998년 4월, 경북 안동의 산기슭에서 아파트 택지 개발 사업이 한창이었다. 이때 비석 하나 없이 방치된 주인 모를 무덤을 이장하는 작업이 있었다. 포클레인으로 무덤을 파 내려가자 시신을 보관하고 있던, 나뭇결이 생생히 살아 있는 관(棺)이 나왔다. 당시 사람들은 외관(外棺)의 보존 상태로 보아 최근에 조성된 무덤으로 추측하였다.

그러나 사람들의 추측과는 달리 이어진 유물 수습 과정에서 이 무덤은 조성된 지 400여 년이 훨씬 넘은 것으로 판명되었다. 400년이 넘도록 썩지 않고 나뭇결이 그대로 살아 있다니 믿기지 않을 정도로 놀라운 일이었다.

400년의 긴 세월 동안 남편이라는 이름의 바다에 한 번도 쉬어가지 않고 파도가 친다. 그 오랫동안 지친 기색을 보이지 않는 물

∷ 시신을 안치했던 외관(外棺)의 모습.

결. 그것은 보기 좋은 나무의 결이다. 게다가 출토 유물을 수습하는 과정에서 세간의 관심을 집중시키는 것이 있었는데, 그것은 망자의 가슴을 덮고 있던 한지였다. 산 자가 죽은 자에게 보내는 한글로 된 편지, 순애보였다.

> 자내 샹해 날드려 닐오되
> 둘히 머리 셰도록 사다가 같이 죽쟈 하시더니
> 엇디하야 나를 두고 자내 몬져 가시노
> 날하고 자식하여 뉘긔 걸하야 엇디하야 살라하야
> 다 더디고 자내 몬져 가시난고
> (중략)

:: 400년 넘게 망자의 가슴을 덮고 있던 편지를 걷어 내고 있는 장면. 시공을 초월해 산 자가 죽은 자에게 보낸 순애보 편지다.

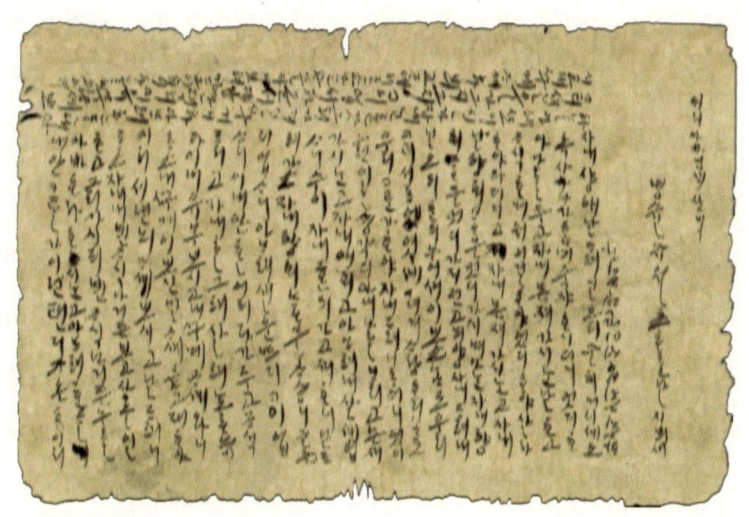

:: 400여 년 전의 망자의 가슴을 덮고 있던 편지. 60×33cm. 남편이 죽자 급하게 써 내려간 글씨다. 하고픈 말을 다하지 못해 종이를 돌려 가며 쓰고 그것도 모자라 거꾸로 써 내려갔다.

422년 전에 쓰인 이 편지에는 사랑하는 임과 사별(死別)한 슬픔의 정서(情緒)가 고스란히 담겨져 있다. 갑작스럽게 죽은 남편을 멀리 떠나보내며 아내가 마지막으로 쓴 편지다. 차디차게 식어 버린 남편의 가슴이 수신처가 되어 버린 채 수백 년이 넘는 세월 동안 마치 시신을 지키기라도 하듯 망자의 가슴을 덮고 어두운 무덤 속에서 함께 잠들어 있었던 것이다. 시간의 단절을 부인하고 인연의 이어짐을 말이 아닌 글로써 간곡히 고하고 있는 편지다.

마음이 아파 흐르는 눈물이 내를 이룹니다. 소리라도 내어 통곡하고 싶지만 지아비 먼저 보낸 못난 아내인지라 그러질 못하고 가

숨만 답답, 목이 메어 웁니다. 만장 깃발 펄럭이고 피리 소리 따라 가신 임은 한 번 가면 다시 돌아올 수 없는 삼만 리 땅으로 떠나가 셨습니다.

 오랜 세월 동안 남편의 무덤을 지켜 온 이 한 통의 편지는 편지라고 하기보다는 차라리 망부석(望夫石)이라고 하는 것이 어울리지 않을까! 죽은 남편의 가슴을 마구 두드려 다시 살려 내고 싶은 아내의 간절한 기도를 담은 손길 같기도 하고, 이루어질 수 없는 열망에 가슴에 한이 맺혀 떨어지는 돌 눈물(石淚)을 받아 내는 기다림인 것 같기도 하다. 망부석보다 더 진한 그리움이 몰려온다.
 언제 돌아올지 모르는 남편을 기다리고 기다리다가 죽어서 돌이 되었다는 망부석! 그 기다림의 망부석 위에 덧없이 서서 남편이 살아서 돌아오기를 간절히 바라는 기도문 같아서 더욱 가슴 밑바닥을 긁는다.

  당신을 향한 마음을 이승에서 잊을 수가 없고, 서러운 뜻 한이 없습니다. 내 마음을 어디에 두고 자식 데리고 당신을 그리워하며 살 수 있을까 생각합니다.
  이내 편지 보시고 내 꿈에 와서 자세히 말해 주세요.
  꿈속에서라도 당신의 말을 자세히 듣고 싶어서 이렇게 써서 넣어 드립니다. 자세히 보시고 나에게 말해 주세요.

아내는 편지를 통해서 돌아올 수 없는 머나먼 죽음의 길로 떠나간 임을 떠올리며 다하지 못한 사랑에 대한 안타까움과 애끓는 슬픔을 절규하듯 토해 내고 있다. 사랑하는 사람과의 이별! 비애와 절망감은 쉬이 받아들여지지 않아 죽은 남편에게 꿈속에서라도 다시 보길 바란다고 적고 있다.

지아비에 대한 아내의 사무친 그리움과 통한의 노래는 한 장의 편지지로 다할 수 없어 종이 모서리를 돌려 가며 써 내려갔는데 못 다한 사랑의 회한(悔恨)이 느껴지기에 충분하다.

> 아무리 한들 내 마음 같겠습니까?
> 이런 슬픈 일이 하늘 아래 또 있겠습니까?
> 당신은 한갓 그곳에 가 계실 뿐이지만
> 아무리 한들 내 마음같이 서럽겠습니까?

모서리를 채우고도 말의 끝을 맺지 못한 긴 그리움의 노래인 편지는 처음으로 돌아가 거꾸로 쓰이고 있다. 죽음조차 갈라놓을 수 없는 부부 간의 사랑. 기나긴 어둠 속에서도, 오랜 시간의 흐름 속에서도 이 사랑을 한결같이 지켜 온 것은 아내가 남편의 가슴에 고이 품어 묻어 둔 마지막 편지였다.

사랑 앞에서는 죽음의 의미가 이별의 의미보다 엷어지고 묽어진다. 죽음으로 인한 이별조차 허락하지 않는 것이 사랑이다. 죽음보다 이별이 더 크고 절절하게 느껴질 수밖에 없다. 무슨 한이 그리 남아 있어 긴긴 세월 한 줌 흙이 되지 못하고 사랑의 편지로 후세 사람들의 가슴을 에이게 만드는지 물어볼 수도 없는 두 주인공은 비록 시간을 달리하여 육신은 떨어져서 썩을지라도 영혼은 평생을 함께하는 영생의 자유를 얻은 것이다.

머리카락으로 삼은 미투리

관에서 아내가 쓴 편지 외에 많은 유물이 수습되었다. 그 가운데 이들 부부의 애틋한 관계를 짐작케 하는 것이 있었는데 그것은 남편의 머리맡에서 나온 신발(짚신), 미투리였다.

임이시여!
당신이 가 계신 곳은 어디신가요
어린 자식 두고 따라갈 수 없는
이내 마음 정녕 당신은 모르시나요

나는 당신을 떠나보내지
아니하였습니다

사모곡(思慕曲)—원이 아버지에게

:: 안동시에 조성된 원이 어머니 동상.

이별과 잠시도 구별 못하시나요

당신 어서 돌아오세요
하염없이 흐르는 내 눈물이
가엾지도 않단 말인가요

당신이 신고 돌아오실
이 미투리는 내 가슴에 안겨

주인을 기다리는데
어이 이리도 무정하단 말입니까?

자세히 보면 먼 곳을 응시하는 두 눈에서 눈물이 흐르고 있다. 400년이 넘는 기다림이 이런 것일까? 가슴이 아려 온다. 내 속을 완전히 비워 내 에고^{ego}가 없는 상태에서 상대방의 마음과 하나가 되어 버리는 희생적인 베풂의 아가페^{agape}적인 사랑이 여기 있다.

무조건적인 사랑의 공간 속에서 나는 커피 한 잔을 정성스럽게 내려 마셨다. 입속의 뜨겁고 진한 여운이 400년 전 응어리진 가슴의 혈관을 찾아가고 있는 느낌이다.

겉을 싸고 있던 한지를 걷어 내고 미투리의 몸체가 드러나면서 많은 사람들 사이에 의견이 분분했다. 조선시대에는 무덤에 신발을 넣는 경우가 드물었을 뿐 아니라 미투리의 재료 또한 궁금증을 더해 주었는데, 연구 조사 결과 미투리를 삼은 재료는 사람의 머리카락으로 판명됐다.

왜 머리카락으로 미투리를 삼았던 것일까?

그 까닭을 밝혀 주는 유일한 단서는 미투리를 싸고 있던 한지에 쓰인 글이었다. 많이 훼손되어 있었고 워낙 상태가 안 좋아 그 파편들만 모아 드문드문 글을 만들어 판독을 해 보니…… 애절한 내

∷ 머리카락과 삼 줄기로 삼은 미투리의 뒤꿈치 부분.

∷ "이 신발 신고 제발 다시 돌아오라"는 편지로 감싸고 있던 미투리의 모습이다. 내 머리카락이 사랑하는 남편의 발을 감싸 주길 바라고 있다. 살가죽이 닿는 앞부분과 뒤꿈치 부분은 별도의 천으로 싸여 있다. 돌아오는 길에 혹시나 살갗이라도 까질까 세심한 곳까지 신경 쓴 아내의 마음이 묻어난다.

:: 미투리를 싸고 있던 편지로 많이 훼손되어 있다. 편지 내용을 다 읽을 수 없는 것이 아쉬울 따름이다.

용이 담겨 있었다.

    내 머리 버혀……(머리카락을 잘라 신을 삼았다)
    이 신 신어 보지……(남편이 이 신 신어 보지도 못하고 돌아가셨다)
    내 향취……(내 향취 잊지 말고 꼭 나를 찾아 돌아오세요)

원이 엄마는 남편의 병환이 날로 나빠지자 정성을 다해 쾌유를 기원하며 자신의 머리카락과 삼 줄기로 미투리를 삼았다. 끝내 남편이 어린 아들(원이)과 유복자를 남겨 두고 서른한 살의 젊은 나이에 숨지자 안타까운 마음과 사모하는 정을 글로 적은 다음 미투리를 감싸서 시신의 머리맡에 놓았던 것이다.

절대 잊지 말라고, 잊어서는 안 된다고…… 절규하는 여인의 음성이 금방이라도 귓가를 스칠 것만 같다. 죽음도 감히 갈라놓지 못하는 부부애의 상징처럼 죽은 남편을 애타게 그리워하는 아내의 애절한 심정을 담아 머리카락을 잘라 올올이 짜낸 한 켤레의 신발.

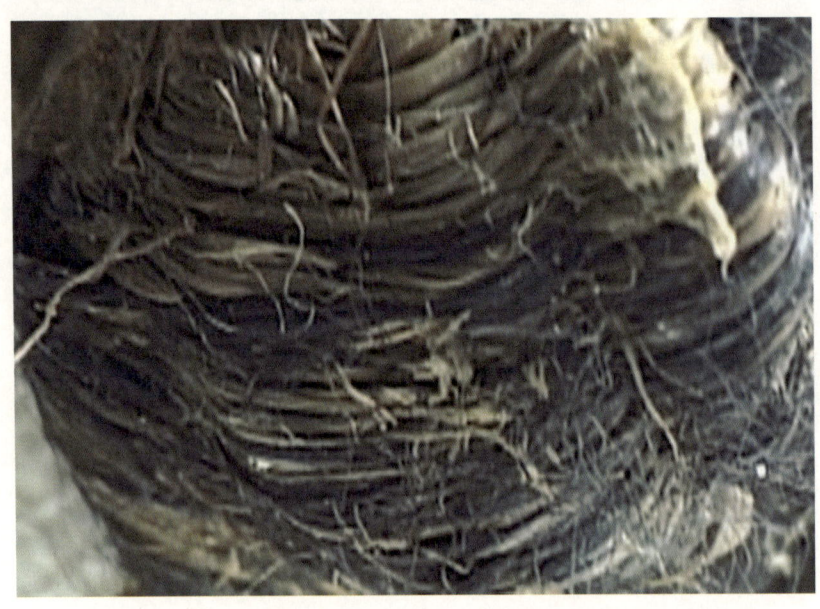

:: 머리카락과 삼베로 삼은 미투리 바닥면. 미투리 바닥면이 사날로 되어 있다. 봄 여름 가을 겨울 사계절을 담아 만들었을 것이다. 그대 향한 열정과 그리움은 영원히 이어져야 한다는 염원을 미투리 바닥에 담고 있다.

그대 하늘 끝 홀로 가신 임아…….

임은 떠나갔고 다하지 못한 사랑만이 울음이 되어 가슴으로 떨어집니다.

부질없는 이 머리털을 베어 먼 길 가는 임의 신이나 삼아 드리려 합니다. 탓하지 마셔요. 내 임이 병석에 누워 있는 지금 그 누구에게 예쁘게 보여야 한단 말입니까?

> 눈물 아롱아롱
> 피리 불고 가신 임의 밟으신 길은
> 진달래 꽃비 오는 서역(西域) 삼만 리
> 흰 옷깃 여며 여며 가옵신 임의
> 다시 오진 못하는 파촉(巴蜀) 삼만 리
> 신이나 삼아 줄걸 슬픈 사연의
> 올올이 아로새긴 육날 메투리
> 은장도(銀粧刀) 푸른 날로 이냥 베어서
> 부질없는 이 머리털 엮어 드릴걸
>
> — 서정주, 「귀촉도」 중에서.

남편의 쾌유를 빌며 자신의 머리카락을 베어 내어 정성스레 미투리를 삼았던 아내는 병석에 누운 남편이 이 신을 신을 수 있을 만큼 건강해지길 바랐을 것이다. 그러나 헌신적인 보살핌에도 남

사모곡(思慕曲)—원이 아버지에게

편이 세상을 떠나자 아내는 미투리를 그의 곁에 함께 묻고 편지에 이리 적는다.

> 당신을 여의고는 아무리 해도 나는 살 수 없어요.
> 빨리 당신께 가고 싶어요.
> 어서 나를 데려가 주세요.
> 당신 향한 마음을 이승에서 잊을 수가 없고
> 서러운 뜻 한이 없습니다.

사랑하는 당신을 향한 마음이 이리 깊은데 죽음 앞에서 어찌 고개를 떨어뜨릴 수 있단 말입니까? 도저히 살아서는 잊을 자신이 없습니다. 세상에 혼자 덩그러니 남겨진 두려움에, 언제 또 만날지 모르는 기약 없는 불안함에, 사무치는 그리움 안고 지내게 될 수많은 날들이 참으로 섧기 그지없습니다. 한(恨)으로 다가올 수밖에 없는 서러운 뜻 부디 헤아려 혼자 가지 마시옵고 데려가 주시옵소서.

아마도 30세 전후였을 것으로 추정되는 이 여인에게 있어서 전적으로 의지하고 믿었던 남편의 죽음은 세상이 무너져 버리는 것 같은 큰 시련이었을 것이다. 병석에 누워 있는 남편의 쾌유를 비는 간절한 염원의 마음으로 자신에게는 생명처럼 소중한 긴 머리카락을 베어 신을 삼았을 것이다.

:: 안동지청 앞 녹지공원에 세워진 원이 엄마의 애절한 글.

언젠가는 당신이 돌아오겠죠

태양이 길을 잃어 수평선으로 갈 때면

우리의 모든 추억들이 여전히 나를 아프게 합니다.

밤이 되면 어두운 우리 집에서

나는 당신의 손길을 그리워합니다.

언젠가는 당신이 돌아오겠죠.

당신 없이는 꽃을 피우지 않는 이 땅을 기억하세요.

그리고 나를 기억하세요.

그래요. 언젠가는 당신이 이해하겠죠.

내 가슴속 깊이

당신이 돌아올 거라는 희망을 간직하고 있었다는 것을.

당신이 돌아올 거라는 희망을.

언젠가는 당신이 돌아오겠죠.

모든 것이 다시 시작될 수 있도록…….

우리가 함께했던 지난 날처럼 다시 살아갈 수 있도록…….

나는 알아요. 그래요.

나는 압니다. 내 사랑 나의 사랑

당신이 돌아올 거라는 것을…….

당신의 품 안에서

그동안의 당신의 부재(不在)는 잊혀질 겁니다.

삶은 매일 매일 더 아름다워질 겁니다.

나의 사랑, 당신 곁에서.

　　- 영화 Once upon a time in the west에 삽입된 음악 〈Un jour tu reviendras(언젠가는 당신이 돌아오겠죠)〉.

하늘을 능히 이기는 꽃,
능소화 凌霄花

　무덤 속에서 망자의 가슴을 덮고 있는 편지가 발견되었다는 소식이 세상에 알려지자, 한 일본인이 한 다발의 한지 뭉치를 들고 찾아왔다. 임진왜란 중 일본군이 약탈해 간 것으로 추정되는 이 뭉치 안에는 망자의 가슴을 덮고 있던 편지와 같은 글씨체로 능소화에 대하여 적고 있었다. 위 두 편지의 내용을 토대로 『능소화』라는 소설이 2006년 국내 작가 조두진에 의해 출간되었다. 이 책의 내용은 많은 사람들의 감동을 불러일으키기에 충분했는데, 한번 읽기 시작하면 손을 뗄 수 없는 슬픈 사랑 이야기를 담고 있다.

　이 소설에서는 능소화라는 꽃을 매개로 시작된 인연과 능소화로 인해 만들어지는 이승의 인연, 그리고 역시 능소화로 인해 끝을 맺는 아름다운 두 사람의 사랑을 얘기하고 있으며, 꽃을 중심으로 한 연인들의 운명을 기구하지만 아름답게 담아내고 있다.

소화꽃은 여름 꽃이다. 적색과 황색의 빛을 가진 꽃으로, 금등화라고 불리기도 하는 정말 예쁘고 눈길이 자주 가는 꽃이다. 그 꽃은 인간의 꽃이 아니라 하늘의 꽃이었다. 그런데 하늘나라에 살던 여주인공 여늬가 하늘의 꽃인 '소화'를 훔쳐 인간 세상으로 도망쳐 나왔고 하늘나라 정원에서 그 꽃을 지키는 팔목수라(八目修羅)는 그녀의 뒤를 쫓게 된다. 그리고 어느 양반가의 아들 웅태는 자기의 운명을 갉아먹을 '소화'라는 꽃을 집으로 들이는 운명을 타고난다. 팔목수라의 망집(妄執)의 덫에 걸려 한 남자를 사랑하고 결국 그 남자를 죽음으로 몰고 가는 가슴앓이 운명을 타고난 여늬. 만나지 말았어야 할 두 사람이 부부의 인연으로 맺어지면서 삶이 가져다주는 생과 사의 경계에서 벌어지는 애절한 사랑 이야기가 바로 소설 『능소화』이다.

능소화(凌霄花), 하늘을 능히 이기는 꽃이다. 잎이나 꽃이 품위 있고 우아하면서 임이 오는 발소리를 듣기 위해 귀를 크게 연 모습을 하고 있는 꽃이기도 하다. 하늘소(霄)를 풀이하자면, 하늘에서 비(雨)가 내리고 작은(小) 달(月) 즉, 초승달이 떠 있는 밤하늘이라는 설정이 가능해진다. 하늘의 기운을 가장 약하게 만들어서 천상의 기운을 이기는 꽃이라고 해석할 수 있지 않은가?

그에 반하기라도 하듯 능소화는 봄꽃이 모두 지고 난 다음, 태양이 작열하는 뜨거운 여름에 붉고 큰 꽃망울을 터뜨린다. 이때가 괴물 팔목수라가 꼼짝 못하고 가장 싫어하는 때라고 한다.

꽃 귀한 여름날 저를 보시거든 저인 줄 알고 달려와 달라는 군자 같은 꽃이다. 죽어서야 비로소 자유로워진 응태와 여늬의 사랑을 꽃으로 피워 올려서일까. 능소화는 결코 꽃이 먼저 시들지 않고 꽃잎째 떨어진다. 처연하게 목을 떨어뜨린다는 표현이 어울릴 듯하다. 오랜 시간이 지난 후에는 누군가의 손에서 사랑과 그리움의 울림으로 또다시 피어날 생명의 꽃 능소화…….

능소화 꽃을 보고 나(여늬)인가 여겨 님(응태)이 찾아온다기에 귀가 큰 능소화 꽃에 귓속말로 얘기해 주고 싶다.

    만약 꽃들이 그리움의 크기를 견주는 대회라도 연다면
    능소화
    바로 당신에 견줄 만한 그리움을 간직한 꽃은 없다고…….
    여늬가 당신을 통해 임을 애타게 찾고 있다고…….
    당신을 늘 곁에 두었던 여늬를 잊지 말고 찾아올 수 있도록
    더 붉게 더 활짝 꽃을 피워야 한다고…….
    당신을 보고 임이 첫발을 떼도록
    한시도 긴장을 늦춰서는 안 된다고…….
    날 찾아오는 임의 발소리를 놓치면 안 된다고…….
    당신은 여늬의 생명의 끈이라고…….

∷ 능소화. 유선(柳仙) 정정숙 화백의 그림. 작열하는 한여름에 능소화 주위를 맴도는 벌 한 쌍의 몸짓이 예사롭지 않다. 금방이라도 날갯짓 소리가 들릴 것 같다. 소설 『능소화』의 두 주인공 응태와 여늬의 화신(化身)인가도 싶다. 이 한 장의 그림이 담고 있는 수많은 이야기들이 읽는 이에게 사랑과 그리움과 간절한 염원으로 전해져 쉬이 책을 덮을 수 없기를 바란다.

능소화(凌霄花)

무더운 여름 찌는 듯한 혀의 날름거림에
가위눌려 한 고비 쉬어 넘어가리라
뜨겁게 달아올라야 마술에 걸린 듯
꽃망울을 터뜨리는 너는 누구인가

바람 소리 그리워 귀 기울이는 슬픈 몸짓이여!
그 여린 손 휘저어 별에 뿌리라도 내려라
팔목수라(八目修羅)의 인정 없는 화살에 흘린 피
꽃잎 되어 저리 붉은 울음으로 피어나고

상처는 생채기로 남아 처연히 꽃잎 떨어뜨리는 너
전생에 지은 죄 천 년 그리움 되어
작열하는 태양에 눈멀었다
영혼의 울림 천상의 자유를 꿈꾸는 능소화여!

가족 사랑

다산(茶山) 정약용(丁若鏞)

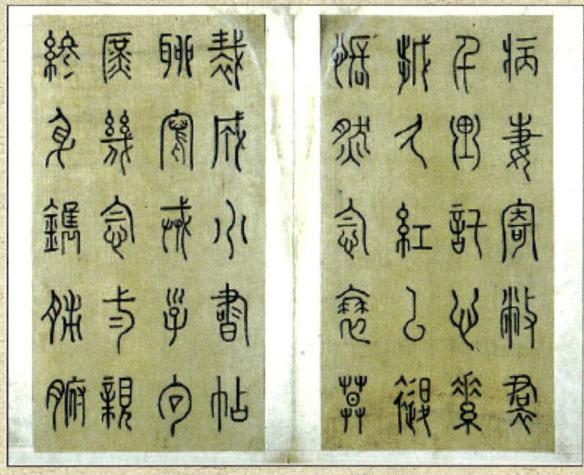

부부의 정이 오롯이 담긴 노을 빛 비단치마를 알맞은 크기로 재단하여
두 아들에게는 집안의 가르침을 적은 하피첩(霞帔帖)을,
외동딸에게는 따뜻한 아비의 사랑을 담아서
매화나무에 한 쌍의 새를 그린 매조도(梅鳥圖) 족자를 만들어 보낸다.
짐작하기 어려운 깊은 단심(丹心)이다.

 子孫世寶 (자손세보)
"자손 대대로 보배처럼 전하라."
가훈으로 삼고자 하는 마음이 전해진다.
맵시 있고 아름다운 글씨다.

순조 즉위 원년(1801), 천주교 박해 사건인 '신유사옥'에 연루된 정약용은 경상도 장기로 유배되었다가, 황사영 백서 사건(신유사옥의 전말과 천주교 탄압 대책 등을 비단에 적어 베이징 주교에게 보내려다 발각된 사건)으로 천주교 탄압이 심해지면서 다시 전라도 강진으로 유배지를 옮겨 18년의 오랜 귀양살이를 하게 된다. 죄인의 집안은 그 자손이 벼슬길에 나아갈 수 없는 폐족(廢族)이 되는데, 두 아들과 딸 그리고 아내 등 가족이 겪을 궁핍함과 어려움을 생각하고 마음 놓지 못한 다산이 유배생활 중에 보여 준 가족애는 참으로 애틋하고 각별하다 못해 눈물겹다.

그는 힘든 귀양살이 중에도 한 집안의 어른으로서 자상한 아버지이자 생각이 깊은 남편이었다. 홀로 남겨진 아내를 염려하고 걱정하는 지아비의 심정 또한 애절했다. 사랑하는 아내를 위해 멀리

:: 다산 정약용의 초상화.

정약용(茶山 丁若鏞, 1762~1836)은 4세 때 천자문을 배우기 시작해 7세 때 "작은 산이 큰 산을 가렸으니, 이는 멀고 가까움이 다르기 때문(小山蔽大山 遠近地不同)"이라는 오언시를 짓는 명석함으로 세상을 놀라게 했다.

윤선도의 증손인 공제(恭齊) 윤두서(尹斗緖)는 다산의 외증조부가 된다. 얼굴에 수염이 많은 것이 너무 닮아 "다산의 외모(外貌)는 외가(外家)에서 받은 것이 많다"고 사람들이 말하곤 하였다. 천연두를 앓고 나서 눈썹 위에 흔적이 남아 눈썹이 세 개로 나누어지자 스스로 호를 삼미자(三眉子)라고 했다.

유배지에서 그가 자식을 가르치고 훈계할 수 있는 방법은 인편을 통한 서신뿐이었는데, 다산이 보낸 다수의 편지와 하피첩을 읽다 보면 그 속에서 우러나는 가족에 대한 올바른 사랑 법을 알게 된다. 후세에도 아내가 남편에게, 남편이 아내에게 보여 주고 싶을 선물이 되고도 남음직하다.

다산은 아버지의 빈자리로 인해 아들들이 학문을 게을리 할세라, 그릇될세라, 남에게 주눅 들지 않기를 바라는 마음으로 끊임없이, 거침없이 자식들을 훈계하고 다독거리면서 엄격한 가르침이 녹아 있는 편지를 보냈다. 자식들에게 아버지의 정과 사랑이 담긴 한마디 한마디는 단순한 가족 사랑의 원상회복을 뛰어넘어 정신적 심리적으로도 한 단계 성숙시키는 좋은 약이 될 수 있었을 것이다.

귀양살이 중임에도 편지로 집안을 다스리고 챙기는 가르침이 참으로 아름답고 크다. 스승으로 삼기에 충분한 모습이다.

아나운서를 울게 만든 한시漢詩 한 편

차분하고도 밀도 있는 진행으로 많은 사람의 사랑을 받고 있는 KBS의 황수경 아나운서가 〈낭독의 발견(KBS 2TV)〉이라는 프로그램 방송 중에 눈시울을 붉히더니 애써 참았던 울음을 터트리는 일이 있었다.

그것은 악성 유행병인 마마로 인해 어린 자식을 잃은 다산의 한시 때문이었는데 시 구절이 너무나 애절해 목이 메어 차마 말을 잇지 못했다고 한다. 방송 출연자였던 한 시인이 묘비에 새겨진 한시를 가슴 울리는 목소리로 한 줄 한 줄 읽어 내려가자, 자식 잃은 아버지의 비통하고 가슴 저린 마음이 그대로 전해져 진행자를 울게 한 것이다. 부모 자리에 서면 다 그럴 것이라지만 그런 모습을 본 시청자들은 가슴 찡한 시를 함께 듣고 감동하면서 "인간미가 돋보인다. 감동 그 자체다"라는 의견을 방송국에 보냈다고 한다.

다산은 유배생활 중 막내아들 농아가 열이 나고 피부에 조그만 종기가 번져 숨을 거두자 다음과 같은 세 개의 글을 지었다.

하나는 차디찬 흙 속에 누워 있을 아들을 생각하며 귀이 여기던 모습을 도저히 잊을 수 없어 고통스러워하는 부모의 심정을 묘비에 적은 한시이고, 다른 하나는 죽은 어린 자식의 영혼을 위로하기 위한 것으로 농아가 묻혀 있는 무덤에 보낸 곡(哭)이다. 나머지는 졸지에 자식을 잃어 무너져 내린 마음을 잡지 못하고 괴로워하고 있을 아내가 걱정이 되어 두 아들에게 보낸 어머니의 안위를 당부하는 편지다.

#1. 어린 자식을 잃고 비통한 마음을 적은 묘비에 적힌 한시

爾形焦黑如炭	이형초흑여탄
無復舊時嬌顔	무복구시교안
嬌顔恍惚難記	교안황홀난기
井底看星一般	정저간성일반
爾魂潔白如雪	이혼결백여설
飛飛去入雲間	비비거입운간
雲間千里萬里	운간천리만리
父母淚落潛潛	부모루락잠잠

네 모습은 타 버려 숯처럼 검으니

옛날의 귀여운 얼굴 다시는 없네

귀엽게 반짝이던 얼굴 잊기 어려우니

그래도 우물 바닥에서 본 별빛 같아라

네 영혼은 눈처럼 맑고 하얗게

날아올라 구름 안에 가득하지만

그 구름 사이가 너무나 멀기만 하구나

가슴에 이는 부모 마음 슬픔에 잠겨 눈물만 떨어뜨리네

역병으로 어린 자식을 잃고 마음이 아파 눈물이 난다. 하늘을 바라보니 구름 속에 어린 아들의 모습 보이나 아비로서도 어찌할 수 없는 아픔에 창자가 끊어지는 단장(斷腸)의 비애(悲哀)여! 먼저 간 자식에 대한 비통함이 애절(哀切)하고 자기도 모르게 흐르는 눈물이 방정맞아 흐르는 눈물조차 뜨겁구나.

자식의 죽음에 한없이 애달파 하는 아버지 다산.
북받치는 설움을 어찌하지 못하고 눈물을 흘렸다. 애틋한 마음의 눈물이다. 아버지에게서 이처럼 마음을 움직이는 감동의 글을 받았으니 어린 아들 농아는 비록 죽었지만 슬퍼하지 않고 영생을 얻었을 것이다. 다산이라는 자상하고 따뜻한 아버지의 가슴으로 말이다.

:: 부활. 1991년 삿포로 세계 눈 조각 경연 대회 대상작. 3×3.5×3m. 한국대표팀으로 참가했던 김익중 씨(강릉 문성고 교장) 작품.

아버지와 아들의 조각상 〈부활〉이다. 차가운 눈(雪)을 소재로 뜨거운 부정(父情)을 표현한 작품으로, 아버지가 어린 아들을 하늘을 향해 들어 올리며 새 생명의 탄생을 환호하고 있다. 또한 아들의 탄생을 꿈꾸는 듯한 강한 염원의 몸짓으로 보여 주는 작품이기도 하다. 아마 다산의 마음도 이러하지 않았을까?

#2. 차디찬 땅에 묻혀 있을 어린 아들에게 주는 곡(哭)

네가 죽었다 해도 귀양살이 중이라 가지 못하는 무거운 심정을 적어 보낸다. 네가 잠들어 있는 무덤에 나 대신 네 형을 보내어 울면서 곡(哭)하게 하니 편히 쉬도록 해라.

사랑스런 막내아들 농아야!

네가 태어난 지 겨우 삼여 년 만에 세상을 등지니 비통하고 또 비통하구나!

너를 잃은 나의 아픈 마음을 형을 통해 읽게 하여 네가 우리 가족에게 얼마나 소중한 존재였는지 세상에 알리고자 한다. 너의 이름을 농(農)으로 지은 것은 네가 태어났을 당시 곤경에 처해 있는 집안의 근심을 덜고자 함이었다. 우리 집 사정이 어렵지 않았으면 어찌 사랑스런 너에게 농사나 지으며 살라고 했겠느냐? 이 험한 세상 너를 살릴 수 있는 일은 농사뿐이었고 차라리 그리 목숨을 부지하는 것이 죽는 것보다 낫다고 생각해 지어 준 이름인데……. 그런 네가 벌써 세상을 뜨다니 마음이 아프구나. 차라리 내 목숨을 걸어 갔더라면 쓸쓸한 인생의 고비를 쉬이 넘겨 열 수 이상은 족히 살 수 있었을 텐데. 아가! 내가 너의 죽음을 대신했어야 했다.

사람의 한평생을 육십이라 치자꾸나. 네가 삼 년 만에 죽었고 나와는 헤어져 산 지 두 해가 지났으니 한평생 중 사십 년을 아비와 헤어져 산 꼴이라 정말 애달프고 슬프다.

죽는 것이 사는 것보다 오히려 마음 편한 나는 이리 멀쩡히 살아 있고 사는 것이 죽는 것보다 나은 너는 죽었으니 뜻대로 할 수 있는 것이 아니어서 마음 절절하다.

네 어머니의 편지에서 네가 "아버지가 곁에 계셨어도 제가 열이 나고 마마에 걸렸을까요?"라고 했다고 전해 들었단다. 네가 너의 앞날을 미루어 생각해서 그런 말을 한 것은 아닐 테지만 그런 말을 했다니 가슴이 미어지는구나. 너는 아버지가 옆에 있으면 의지가 되고 병이 나을 것으로 생각했던 게냐? 네 소원 이루어 주지 못해 마음이 안타깝고 찢어질 듯 아프고 눈물이 멈추지 않는구나!

이 년 전 내가 유배 가던 그해 겨울에 네 어미가 너를 안고 과천에서 배웅하면서 "저분이 너의 아버지다"라고 하자, 너도 따라서 "저분이 너의 아버지다"라고 했던 기억이 나는구나. 아버지란 의미도 모른 채 따라하던 너의 천진무구한 모습이 아련한데……. 이제 너는 우리 곁에 없구나.

너에게 주려고 소라 껍데기 두 개를 간직하고 있다가 마침 이웃사람이 왔다 가는 편에 네게 전해 주도록 한 적이 있었지. 이후에도 너는 아버지 있는 곳에서 사람이 왔다고 하면 소라 껍데기부터 찾다가 행여 얻지 못하면 풀이 죽어 마음이 상하곤 했었다지? 몸이 상할 대로 상해 죽을 때가 되었을 때 비로소 소라 껍데기가 도착했더라는 네 어미의 편지를 받고 감정이 북받쳐 마음 추스르지 못했단다.

너는 웃을 때 보이는 백옥 같은 송곳니와 코 왼편에 작은 점이 귀엽고 어여쁘기 그지없었다. 내 머릿속엔 온통 너의 귀여운 모습뿐인데…….

아! 아! 그것도 네 생일날 차디찬 땅속에 너를 묻었다 하니 마음이 저려 눈물이 난다.

다산 정약용은 막내아들 농아가 태어날 때 천주교 신봉 문제로 곤경에 처해 있었고, 자신을 음해하고 시기하는 사람이 많음에 회의를 느끼고 고향인 경기도 마제로 돌아온다. 그리고 어지럽고 혼탁한 세상에 글을 배워 우환을 만들지 말고 차라리 순박하게 농사를 지으면서 살아가는 것이 좋겠다는 생각에 아들 이름을 '농(農)'이라 짓는다. 그런데 그런 막내아들이 죽었다는 전갈을 받게 되었고, 가 볼 수 없는 자신의 처지가 비참하고 참담해서 괴로운 심정으로 밤을 지새우며 지냈을 것이다. 헤어질 당시 아버지란 말의 의미도 모른 채 "저분이 너의 아버지다"라고 따라하던 모습이 눈에 선한 어린 아들이 죽다니……. 정작 아버지로서 한 것이라곤 고작 소라 껍데기 두 개를 보냈을 뿐인데. 그런 아들은 세 살 되던 해 제 생일날 땅속 깊이 묻혔다.

막내아들이 마마로 죽자 평생을 두고 못내 가슴 아파했던 다산은 "아! 어쩌지 못하는 슬픔이여! 늘 아비를 그리워하던 너를 생각해서라도 나는 결코 너를 잊지 않겠다" 하고 아픈 마음을 표현했다 한다. 자식을 먼저 보낸 비통한 마음을 스스로 달래고, 절망을 희망으로 승화시킬 줄 아는 다산은 그다운 방법으로 당시 유행병이었던 마마를 치료할 수 있는 의학서 『마과회통(麻科會通)』을 저술하기에 이른다.

#3. 막내아들이 죽자 상심하고 있을 아내가 걱정되어
   두 아들에게 보내는 당부 편지

　사랑하는 농아(農兒)가 죽다니 비통(悲痛)한 마음을 가눌 수가 없구나! 슬픔에 슬픔을 더한 듯 마음이 몹시 아프고 내 몸도 예전과는 달리 약해지고 있어 마음을 의연하게 가지기 힘들구나! 너희 첫째 (장남 학연)와 둘째(학유) 아래로 사내아이 네 명과 여자아이 한 명을 잃었다. 그중 하나는 낳은 지 열흘 상간에 죽어 정을 붙이고 얼굴을 익히기에 시간이 부족해서 그랬던지 이별의 아픔보다는 서러운 마음이었다. 나머지 세 아이는 품에서 한참 재롱을 부리고 눈을 맞추며 예뻐할 때 세상을 등졌다. 그나마 부모 품에서 죽었기에 간장을 태우고 북받치는 설움을 감출 수 있었지만, 농아만큼은 귀양살이로 떨어져 있어 보고 싶고 그리워할 때 잃어서 그런지 애간장 녹이는 서러움을 감당하기 어렵구나!
　잠시 같이 지냈던 정을 이기지 못하는 나의 애달픔이 이러한데 너희 어머니의 상심이 어떨지 걱정되는구나! 품속에서 죽은 자식을 차디찬 땅속에 묻었을 그 심정이야 이루 말할 수 있겠느냐?
　그 애가 부리던 재롱 하나하나가, 어리광스런 말 한마디 한마디가 내 기억 속에 이리도 생생해 목이 메고 눈물이 앞을 가린다. 그런데 여자들이란 이성(理性)보다는 정(情)에 의탁(依託)하기 마련 아니겠느냐? 하지만 나는 유배 중이고 너희들은 이제 다 자라서 어머니와의 사이가 소원(疏遠)할 수도 있을 듯하다. 그러하기에 네 어미는 죽은 농아에게 의탁도 하고 믿음도 가지고 있었을 텐데 자식 잃은 슬픔이 그 얼마나 크겠느냐!

자식 잃은 어미의 애통(哀痛)한 마음 어찌 쉬이 가시겠느냐? 내가 네 어머니 입장이라면 체통도 잊은 채 상심하는 모습을 보였을 것이다. 아무쪼록 너희들은 정성을 다해 어머니를 섬기고 위로해 드리려무나.

너희들의 집사람들에게 일러서 두 며느리로 하여금 아침저녁으로 방이 따뜻한가를 잘 살피게 하고, 손수 맛난 음식을 만들어 드리며, 곁에서 항상 밝게 웃는 모습으로 어머님을 섬겨 오래오래 사실 수 있도록 해라. 설령 시어머니가 적적해하시거나 역정을 내시더라도 얼굴빛을 달리하지 말고 신심(信心)을 다해 정성껏 모시면 집안이 평안하고 서로에 대한 믿음이 생겨 화기(和氣)한 기운이 솟아날 것이다.

이런 효심을 다하는 조화로운 기운이라면 하늘과 땅이 서로 응해 집에서 키우는 채소나 짐승이 무럭무럭 잘 자랄 것이고 어떤 장애나 막힘도 없을 것이다. 그리하면 행여 나도 임금님의 은혜라도 입게 되어 귀양살이에서 풀려나고 집으로 돌아갈 수 있을지도 모른다.

유배생활 중 막내아들 농아가 죽자 두 아들에게 보내는 편지에서 다산의 따뜻한 인정(人情)이 드러난다. 다산 역시 슬픔이 감당하기 어려울 정도로 크면서도, 속이 물러지고 문드러져 비통해할 아내를 생각하며 자식들에게 어머니를 잘 보살피라고 조목조목 당부하는 지아비의 섬세함이 자상도 하다. 귀양살이로 힘들고 자식을 잃어 애통한 것은 너무나 당연한 일이지만 누구보다 아내를 향한 마음이 놓이지 않아 염려하고 걱정하는 지아비의 심정이 애절하기까지 하다.

집안에 화기(和氣)가 돌면 하늘과 땅이 서로 응해 집안에서 기르는 짐승이나 채소가 막힘없이 잘 자랄 것이고, 어쩌면 그 기운으로 인해 귀양살이에서 풀려날 수도 있다며 기(氣)를 강조하고 희망을 심어 주는 다산의 심정이 백분 이해된다.

:: 경기도 남양주시에 있는 다산의 묘. 부인과 합장되어 있다. 묘비명에 숙부인(淑夫人) 풍산홍씨(豊山洪氏)라는 글씨가 보인다.

고물상 할머니로부터 건네받은
하피첩 霞帔帖

#1. 하피첩의 발견

하피첩(霞帔帖)의 존재는 일본 강점기에 발간된 다산문집(茶山文集)에 기록되어 있고 다산은 매조도 시편 뒤에도 이렇게 적고 있다.

> 내가 강진에서 귀양살이 한 지 수년 되었을 때
> 부인 홍씨가 넓은 치마 여섯 폭을 부쳐 왔는데
> 세월이 많이 지나 붉고 선명한 빛이 바래서
> 이를 네 첩으로 잘라서 두 아들에게 주고
> 그 나머지로 조그만 족자를 만들어 딸아이에게 보낸다.

다산이 강진에서 유배생활 중일 때 병든 아내가 시집올 때 입었던 낡은 비단치마를 보내 왔다. 처음에는 붉은 색이었으나 차츰 세월이 지나면서 색이 바래 노을 빛으로 변해 있었다. 그 비단치마를 잘라 첩(帖)으로 만들어 자신의 심정을 담은 글귀를 적은 후 자식들에게 보낸다는 내용이다. 그 안에는 쉬운 가르침과 깊은 깨달음이 담겨 있다.

다산이 두 아들에게 만들어 보냈다는 넉 점의 소첩(四帖) 즉 하피첩은 그동안 기록으로만 전해졌고 행방을 알 수 없었다. 그러다가 2004년 봄 어느 개인 사업가가 고물을 줍는 할머니의 수레에서 발견했다는 예사롭지 않은 느낌의 책이 〈TV쇼 진품명품(KBS 1TV)〉에 공개 출품되었다.

이에 감정단은 고려대학교 박물관에 보관 중이었던, 다산이 시집간 딸에게 준 매조도와 이 서첩의 재질을 비교 확인하는 작업에 들어갔다. 놀랍게도 직물의 재질과 색이 바랜 정도, 직조(織造) 형태까지 같은 재질로 판명되었다. 그리고 감정인을 더욱 놀라게 만든 것은 이 세 권의 고서(古書)가 바로 실물 없이 기록으로만 전해만 내려오던 다산의 하피첩이었다는 점이다.

이 프로그램에 감정인으로 참여했던 김영복 씨는 "감정을 맡아온 이래 오늘이 가장 행복한 순간이다. 처음 보았을 때의 놀란 가슴과 떨리는 흥분이 가라앉지 않는다. 지금까지 전서(篆書)로 쓴 다산의 글씨가 남아 있지 않았는데 이렇듯 남아 있었다는 사실이

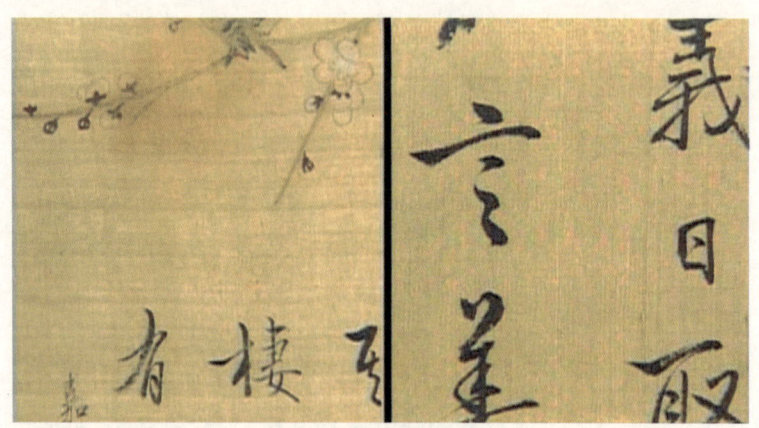

:: 매조도(좌)와 하피첩(우)의 재질이 동일한지 확인하기 전의 장면.

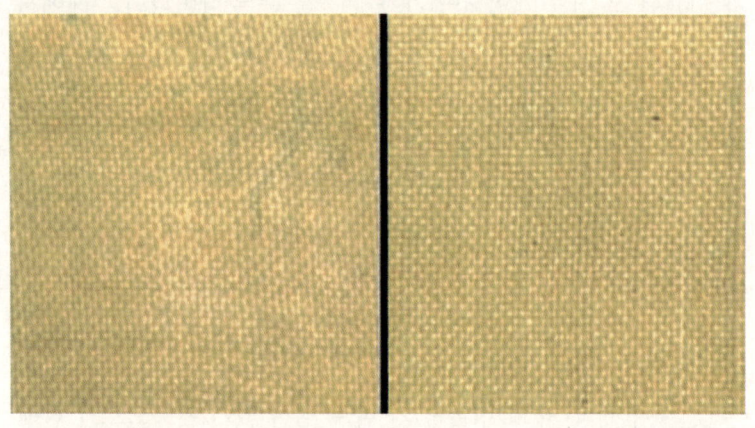

:: 매조도(좌)와 하피첩(우)의 재질을 확대한 장면. 매조도와 하피첩을 각각 확대해 본 결과 놀랍게도 직물의 재질과 직조(織造) 형태, 색이 바랜 정도까지 같은 형태를 보여 주고 있다. 말로만 전해져 내려오던 하피첩의 존재가 만천하에 드러나는 장면이다. 지금도 가슴이 뛴다.

놀랍고, 크고 작은 다양한 글씨로 되어 있어 그 연구 가치가 매우 크다"고 말했다.

〈TV쇼 진품명품(KBS 1TV)〉에서 감정가 1억 원으로 인정받아

:: 〈TV쇼 진품명품〉에 출품된 하피첩 세 권. 책 제목이 보이지 않을 정도로 낡아 있다. 그러나 책 속에는 다산의 크고 작은 여러 글씨체가 남아 있어 연구 가치가 높다고 한다.

사람들 사이에서 한동안 회자되었던 이 하피첩은 문화적 자산 가치가 크고 세상에 하나밖에 없는 다산의 귀중한 유산이었기에, 의외로 엉뚱한 곳에서 손쉽게 찾아냈던 정황에 대한 놀라움도 있었지만, 고물상에서 무심코 폐지로 분류되어 영원히 사라질 수도 있었던 아찔한 순간은 생각만으로도 가슴을 쓸어내리게 한다. 넉 점 중에 석 점만 발견되어 공개된 하피첩에 대한 아쉬움은 크지만 이름으로만 전해 오던 귀한 문화재를 뒤늦게나마 볼 수 있게 되어 다행이 아닐 수 없다.

하피(霞帔)란 조선시대 왕실에서 비(妃), 빈(嬪)들이 입던 옷이다. 하(霞)는 공중의 수증기에 해가 비쳐 붉게 보이는 기운을 의미하고 피(帔)는 치마, 첩(帖)은 무엇을 붙이거나 글을 쓰기 위해 하나로 맨 책을 말한다. 다시 말해서 붉은 빛이 바래 저녁 노을 빛이 되어 버린 치마에 글을 쓴 다음 묶은 책을 하피첩이라 한다.

16세의 처녀와 15세의 총각이 만나 결혼(1786)해서 25년을 금실 좋게 살던 다산은 정조의 총애를 받으며 활발한 개혁정치를 펼친다. 그러나 정조가 죽자 신유사옥(1801) 사건에 연루되어 아내를 고향 집에 남겨 두고 귀양을 떠난다. 어느덧 사랑하는 지아비가 유배지로 떠난 지 십여 년이 흐르고 홀로 자식들을 키우며 그리운 정을 삭이던 아내 홍씨(1761~1838)는 귀양살이로 몸과 마음이 지쳐 있을 지아비가 조금이라도 위안을 얻었으면 하는 마음으로 장롱 깊이 고이 간직했던 다홍치마를 꺼내 마음까지 담아 보낸다. 시집올 때 입고 왔던 붉은색 활옷이었다. 세월이 지나 붉은 빛이 많이 바랜 다홍치마지만 몸과 마음이 지쳤을 지아비를 염려하는 홍씨의 마음이 깊이 서려 있는 것이다.

다산은 "우리의 운우지정(雲雨之情)과 그리워 애타는 이내 마음을 알아 달라"는 아내의 마음을 헤아려 읽었을까? 눈으로 손으로 번갈아 보고 만져 가면서 아련한 지난날을 떠올리며 사랑하는 아내를 위해 무엇을 할 것인가를 고민했을 것이다.

부부의 정이 오롯이 담긴 노을 빛 비단치마를 알맞은 크기로 재단하여 두 아들에게는 집안의 가르침을 적은 하피첩(霞帔帖)을, 외동딸에게는 따뜻한 아비의 사랑을 담은, 매화나무에 한 쌍의 새를 그린 매조도(梅鳥圖) 족자를 만들어 보낸다. 부부의 정이 오롯이 담긴 노을 빛 비단치마를 자식에 대한 애틋한 사랑으로 승화시킨 것이다. 짐작하기 어려운 깊은 단심(丹心)이다.

하피첩과 매조도 속에는 비록 몇 자의 짧은 당부이지만 자식과 함께하지 못하는 어버이의 애틋함과 지극함이 그대로 담겨 있다. 뛰어난 정치가이자 실학자이기 이전에 한 집안의 가장으로서 부인과 자식을 돌보지 못하는 안타까움을 적은 것이다.

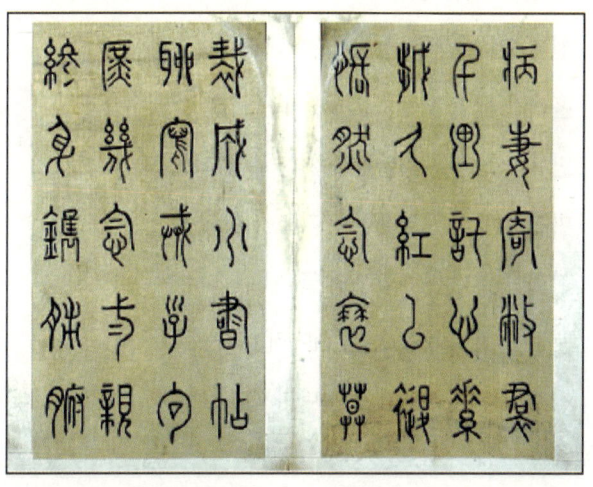

:: 공개된 하피첩은 작은 천 조각(12×20cm)으로 잘라 한지 위(16×25cm)에 붙여 만들었다. 1첩은 17장, 2첩은 15장, 3첩은 14장으로 총 46장으로 되어 있다.

#2. 霞帔帖(하피첩)-노을 빛 치마에 써 준 글

  病妻寄敝裙 병처기폐군
  千里託心素 천리탁심소
  歲久紅己褪 세구홍기퇴
  悵然念衰幕 창연념쇠모
  裁成小書帖 재성소서첩
  聊寫戒子句 료사계자구
  庶幾念二親 서기념이친
  終身鐫肺腑 종신전폐부

병든 아내가 해진 치마를 보내왔네
천 리 먼 길 애틋한 정 담겨 있구나
흘러간 세월 탓에 다 바래 버린 붉은 빛
만년에 느끼는 서글픔을 가눌 수 없게 만드네
마름질로 작은 서첩을 조각조각 만들어
아들을 일깨우는 당부의 글을 적는다
부디 어버이 마음을 잘 헤아려
평생토록 가슴에 새기길 바라노라

  시집올 때 입고 왔던 붉은 옷이 이제는 노을 빛으로 변했다. 하늘을 붉게 물들이면서 서산으로 넘어가는 저녁노을이 사랑하는

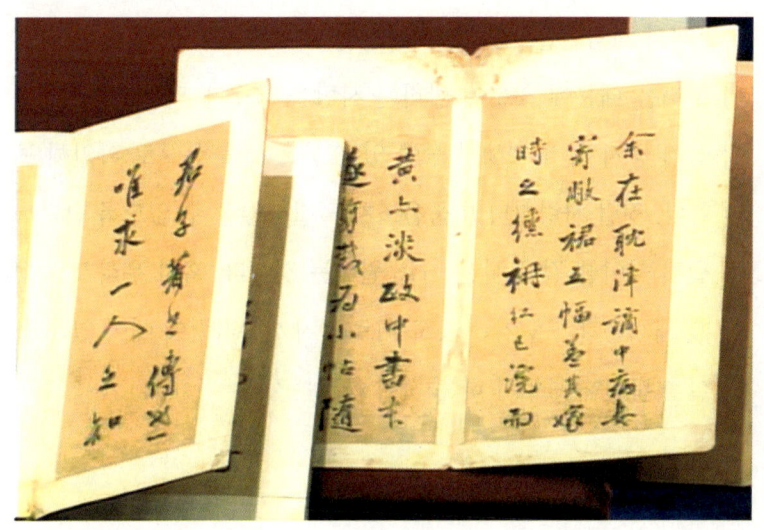

:: 하피첩을 펼친 모습.

아내의 치마 빛깔과 같다. 그리움 가득한 사랑이 너무나 간절하다. 해가 해찰 부리고 놀고 있는 순간이 저녁놀로 표현된다. 제대로 된 노을을 보여 주기 위해서는 해가 제대로 놀아 줘야 한다. 젊은 날 두 사람의 열정이 제대로 된 노을 빛으로 변한 것이다.

전해져 내려오는 이야기 중에 '운명의 붉은 실' 이야기가 있다. 사람은 누구나 태어날 때부터 새끼손가락에 보이지 않는 붉은 실을 매고 태어난다. 자신과 운명으로 맺어질 사람의 새끼손가락에도 붉은 실이 매어 있는데, 이들은 서로 하나로 이어져 있는 까닭에 보이지 않는 붉은 실은 운명적인 인연을 결정하게 한다. 하지만 그 붉은 실은 매우 길고 또 다른 많은 사람들의 붉은 실과 서로 얽히고설켜 있어 인연의 끈을 찾기란 멀고도 험하다.

그래서 사람들은 너무 얽히고설켜 쉬이 찾아내지 못하는 사랑의 두려움 때문에 첫눈에 반하는 사랑을 꿈꾸게 되고, 사랑 때문에 상처 받지 않기 위해서 묶여 있는 붉은 실을 눈으로 확인해 보려 한다. 정말 사랑한다면 죽음조차도 갈라놓을 수 없도록 단단하고 질긴 동아줄 같은 붉은 실을 원하는 것이다. 혹시 우리가 약속할 때 새끼손가락을 거는 것도 서로의 새끼손가락에 매어 있는 붉은 실을 확인해 보고자 하는 것이 아닐는지.

하피첩(霞帔帖)

인연의 시작을 알리는 새벽 종소리가
서광(瑞光)의 콧날을 스치면
붉은 입술에 일출의 기운이 솟아난다

잊지 않으마 그래 잊지 말자
하얀 명주실 한 올 한 올 하늘로 날려
붉게 물들이는 고운 정성 하늘을 감동시키고

나는 날줄 너는 씨줄
한없이 오가는 교감(交感)의 숨결로 올올이 짜내는 비단 천에
부드러이 감기는 바람결조차 무안하다

항아(姮娥) 같은 얼굴 연지 곤지 바르고
붉은 치마 드리워 쪽머리 비녀 찌르고
청실홍실 동자 앞세운 지 십수 년

시기와 모함이 우리를 가르더라도
고난과 난관이 우리를 흔들더라도
붉은 실 손에 쥐고 긴 기다림의 다리를 건너
기다린다 기다리라 말하리라

저녁노을이 벗 되듯 찾아와
어깨동무하며 그림자 길게 드리우고 나서야
산 넘고 물 건너 머나먼 길 돌아온 여섯 폭 다홍치마

황혼(黃昏)의 노을 빛 치마 위에
달빛 고즈넉이 흐르면 그리움 간절한 부부의 인연
일필휘지(一筆揮之) 유묵(遺墨)으로 선명하구나

시집올 때 입고 온 부인의 치마는 붉은 명주실로 짠 비단치마다. 다산과 부인은 새끼손가락에 서로 연결된 운명의 붉은 실을 한눈에 알아보고 날줄과 씨줄을 더해 꼼꼼하게 하나의 비단 천을 짰을 듯싶다. 흔히 사람들은 붉은 실이 풀어지는 방향을 따라 운명의 상대를 찾곤 하는데 그 길고 붉은 명주실을 씨줄 날줄로 엮어 곱디고운 비단치마를 만들었으니 두 사람은 가히 하늘이 맺어 준 인연이라고 할 수밖에 없다. 게다가 붉은 실이 지닌 숨은 의미를 알고 있다는 듯 홍씨 부인은 지아비 다산에게 다홍치마를 보내고, 다산은 비록 붉은 빛은 바랬지만 깊은 사랑과 신뢰가 담겨 있는 비단치마에 자식들을 가르치고 훈계하는 가계(家誡)를 적어 보내니 그 또한 감동이 아닐 수 없다.

아내가 다산을 향해 마음속 깊이 부르고 있는 사부곡이 시집올 때 입고 온 치마로 멋스럽게 표현된 것이라면 다산 또한 하피첩이라는 사모곡으로 멋스럽게 답한 것이다.

#3. 霞帔帖(하피첩)에 담긴 다산의 가르침

"여기에 너희 두 형제를 일깨우는 글을 적노라니 어버이의 마음을 잘 헤아리고 평생 가슴에 간직해 소중히 여기도록 하라."

다산이 하피첩을 만든 연유다.
다산이 아들에게 보낸 가계(家誡)엔 엄격한 가르침과 따뜻한 가족 사랑이 들어 있다. 학문을 비롯해 여러 분야에 걸쳐 섬세하고 세심하게 충고를 하고 있는데 명분보다 실리를 앞세웠던 실학자 다산다운 면모가 드러난다. 정갈하면서도 기운 넘치는 필체가 눈길을 끌고 한 자 한 자 정성스럽게 써 내려간 글에서 진중함도 엿보인다. 조선 최고의 실학자 다산 정약용의 인간미를 느낄 수 있는 글들이 고스란히 담겨 있다.

근(勤)과 검(儉)을 유산으로

내가 벼슬살이를 잘하지 못하여 얼마만큼의 밭 뙈기도 너희들에게 물려주지 못했으나, 오직 두 글자만 정신적인 부적으로 마음에 지닌다면 얼마든지 가난으로부터 벗어날 수 있고 잘 살 수 있다는 것을 알려 주고자 한다. 삶을 넉넉하게 하고 가난을 구제할 수 있는 방법이 있기에 이제 너희에게 주노니 소홀히 여기지 말며 너무 야속하고 인정머리 없다고 말하지 마라.

한 글자는 근(勤)이고 또 한 글자는 검(儉)이다. 이 두 글자는 땅이 걸은 밭이나 기름진 논과도 같아 평생을 쓰고도 다 쓰지 못할 것이다. 합하면 근검(勤儉)이다. 다시 말해 부지런하고 검소하라는 뜻이다.

부지런하다(勤)는 것은 놀기를 즐기지 않고 하는 일에 꾸준한 것이다. 오늘 해야 할 일을 내일로, 아침에 해야 할 것을 저녁까지 끌지 말고 지금 해야 할 일을 날이 궂다 하여 맑은 날로 미루지 말아야 한다는 것이다. 어린 사람은 어린 대로 젊은 사람은 젊은 대로 늙은 사람은 늙은 대로 병든 사람은 병든 대로 힘든 일과 쉬운 일을 나누어 실천하고 제각기 맡은 일을 다해야 한다. 집안에서 놀고먹는 사람이 있어서는 안 되고 또 잠깐이라는 시간도 노는 데 쓰지 않도록 경계하는 것이 부지런함이다.

검소하다(儉)는 것을 우리가 입고 있는 의복으로 비유하자면, 우선은 보기 좋고 품위 있게 보이는 비단옷은 조금만 헤지기라도 하면 겉으로 보기에 초라하기 그지없고, 값싼 옷감으로 만든 옷은 약간 헤지고 색이 좀 바랬다고 해도 그리 초라해 보이지는 않는다. 이처럼 한 벌의 옷을 만들 때도 곱고 아름답게만 만들지 말고 오래 입을 수 있도록 생각해서 만들어야 한다. 아름답거나 사치스런 것보다 질긴 옷을 우선으로 삼을 줄 알아야 한다.

:: 하피첩의 내용.

문장을 자세히 보면 근(勤)과 검(儉)이란 두 글자가 보인다. 이 두 글자를 마음속에 새겨 두고 신부(神符) 즉 부적(符籍)으로 삼고 살아가란 내용이다. 평생을 쓰고도 남을 것이라며 유배지에서 아들들에게 남겨 주는 유산……. 다산의 생활철학이 배어나는 선비다운 모습을 닮아 가고 싶다. 근검 두 글자는 마음이라는 호수 한가운데 던져진 돌처럼 둥글게 퍼져 가는 파문(波紋)이 된다.

한 가지만은 속여도 괜찮다

사람이 살아가는 동안 귀하게 여겨야 하는 것은 참되고 성실한 마음이다. 어떤 것도 속여서는 안 된다. 하늘을 속이는 것이 가장 나쁜 짓이며, 임금을 속이고 어버이를 속이거나, 농사꾼이 이웃을 속이거나, 장사꾼이 동료를 속이는 것 모두 죄에 빠지는 것이다. 그러나 한 가지만은 속여도 괜찮은 것이 바로 입과 입술이다. 아무리 하찮고 맛이 없는 음식이라도 맛있다고 생각하고 입과 입술을 속여 주린 배고픔을 가실 수 있다면 이 또한 가난을 이겨 내는 방법이다. 모름지기 거친 음식으로라도 잠시 목숨을 이어 가는 것, 이것은 좋은 방법이며 현명한 일이다.

올여름 내가 다산에 기거할 때 상추에 밥과 장을 얹고 손으로 싸서 움켜쥐고 이를 입으로 가져가자 옆에서 구경하던 손님이 내게 물었다.

"상추로 쌈 싸 먹는 것과 절여 먹는 것과 무엇이 다릅니까?"

그래서 나는 "사람들은 상추를 절여서 먹으나 상추에 밥을 싸 먹으나 같다고 생각하겠지만 내가 상추에 밥을 싸 먹는 것은 내 입을 속이려 하는 것이네"라고 답한 적이 있다.

밥 먹을 때 상추쌈을 왜 싸는가? 나는 밥 위에 장을 얹어 쌈을 싸서 먹는데 겉모습만 보기엔 푸짐해 보이지만 속엔 밥뿐이다. 상추쌈 위에 밥과 장을 얹는 동안 입속에서는 침이 괴고 식욕이 돋아 입을 속일 수 있는 것이다. 적은 소찬으로 배부르게 먹을 수 있는, 말하자면 입을 속이는 방법에 대해 얘기한 것이다. 매번 한 끼의 밥을 먹을 때마다 이런 생각을 갖도록 하여라. 그리고 이런 생각은 당장 눈앞의 가난함을 피하려고 하는 일시적인 방편만은 아니라고 말하고 싶다.

고기나 생선 같은 기름진 음식을 먹으려고 애쓴다면 나중에 대소변 보는 일로 더러운 뒷간에 가는 횟수가 많아지고 힘만 쓰게 될 뿐 아니라 아까운 시간만 낭비하게 되는 것이다. 입에 들어가기만 하면 더러운 오물이 되고 말 음식을 위해 힘과 지혜를 소모하지 말거라.

비록 부귀와 복이 넘치는 사람이라도, 모든 행동의 본보기가 되는 선비일지라도 집안을 거느리고 몸을 다스릴 수 있는 가장 좋은 방법은 근(勤)과 검(儉)이라는 두 글자를 가까이 하고 몸소 실천하려고 노력하는 것이다. 이것은 선비가 어떤 처지에 있더라도 결코 잊어서는 안될 말이니 너희들은 내 말을 명심하도록 해라.

이것은 '두 아들에게 주는 훈계(又示二子家誡)'라는 제목으로, 아내의 치마폭으로 만들어진 소첩에 쓰여 있다. '근(勤)과 검(儉)을 유산으로', '한 가지만은 속여도 괜찮다'. 세상의 모든 아버지들을 대신해 아들에게 하고 싶은 이야기를 담고 있는 이 편지는 살아 숨 쉬듯 오늘날에도 좋은 본보기가 되고 있다.

시대적 혼란기에 자신이 처한 위치를 익히 알고 있던 다산은 또 다른 호를 '여유당(與猶堂)'이라 짓는다. 여유당이란 '망설이면서 겨울에 냇물을 건너는 것같이 주저하며 사방의 이웃을 두려워한다'는 뜻이다. 덤비지 않고, 사리를 너그럽게 판단하는 마음이라는 뜻을 가진 그런 여유(餘裕)가 아닌 것이다.

:: 다산 생가에 걸려 있는 여유당(與猶堂) 현판.

그 당시 다산은 노론이 집권한 정치적 억압 분위기에서 자신의 처지를 고민하다가 "마땅히 의지하며 교류할 지인을 곁에 두지 못하는 외로움을 알고서야 비로소 학문의 참뜻을 찾았다"고 말했다.

이후 어려운 현실로부터 마음을 접고 학문에 정진한 다산. 처세(處世)와 적응(適應)이라는 과제 앞에서 몸을 낮추고 조용히 학문의 길을 걷던 다산은 행여나 자식들이 학문이나 사람이 지켜야 할 도(道)를 소홀히 하거나 그르칠세라 끊임없이 편지를 보내 환기시켰다.

:: 다산의 생가인 여유당 전경. 여유당(與猶堂)과 여유(餘裕)라는 벗이 한가롭게 잘 어울려 있다.

아내여…… 아내여……

#1. 아내에게 부치는 시 한 수

如夢令(여몽령)

一夜飛花千片 繞屋鳴鳩乳燕　　일야비화천편 요옥명구유연

孤客未言歸 幾時翠閨芳宴　　고객미언귀 기시취규방연

休戀休戀 惆悵夢中顔面　　휴연휴연 추창몽중안면

하룻밤 사이에 떨어지는 꽃잎 무수히 날리고

집 주위엔 울어 대는 비둘기와 먹이 물어 주는 제비 뿐

외로운 나그네에게 돌아가란 말은 없고

언제쯤 아내의 침소에 들어 젊은 날 같은 향기로움

다시 나눌 수 있으려나

그리워 말고 그립다 말자

상심으로 한탄하는 이내 꿈속에서라도 얼굴 보고 지고

가족사랑—다산(茶山) 정약용(丁若鏞)

다산이 유배지에서 멀리 고향에 두고 온 아내에게 보낸 시다. 잡냄새 나지 않고 섞임 없는 순수한 사랑의 표현이다. 보고 싶어도 볼 수 없는 상황을 한탄하지만 꿈속에서라도 볼 수 있는 자유를 노래하며 희망을 놓지 않는 다산의 애절함이 강하게 묻어난다. 오죽했으면 '꿈만 같아라(如夢), 꿈에게 명령을 내리는(夢令)'의 뜻을 가진 여몽령이라는 시를 짓고 위안을 삼았을까.

#2. 아내에 대한 사랑 큰 원을 그려 마음속의 달을 보다

　　어버이를 섬기는 일 중 으뜸은 어버이의 뜻을 거역하지 않는 것이다. 여인들은 가족들이 입는 것, 먹는 것, 살아가는 거처에 관심이 많으므로 어머니를 잘 섬기려면 집안 내부의 사소한 일에 관심을 기울이고 신경을 써야 한다. 그런데 요즈음 사대부 집 아녀자들은 부엌에 들어가지 않는 추세다. 생각해 보면 부엌에 들어갔다 하여 채신머리가 떨어지는 것도, 부리는 종처럼 취급받는 것도 아닌데 조금만 움직여 시어머님이 좋아하는 다과나 음식을 만들어 드리고 즐겁고 맛나게 드시는 것을 본다면 자식 된 마땅한 도리를 다하는 것과 다를 바 없지 않느냐. 그렇게만 한다면 자연스레 효부가 되고 나아가 집안도 화목하게 되니 이 또한 보람이 아니겠느냐?

　　너희들은 밤늦은 저녁이나 새벽녘에 어머님 방에 들러서 방이 따뜻한가 차가운가 요 밑에 손을 넣어서 수시로 점검해 보아라. 이런 일은 종들을 시키지 말고 따뜻하게 직접 불을 지펴 드려야 한다. 아주 사소한 것이지만 너희 어머님은 매우 기뻐할 것이다. 너희들 부부가 불효를 저질러 어머니가 개탄스러워 한다면 말이 되겠느냐? 어머니의 한숨이 늘어 가면 종들은 그 틈을 노려 온갖 아양과 환심으로 이간질하려 하고 너희들과의 관계를 나쁘게 몰고 가려 할 것이다. 이것은 너희들 부부의 잘못이지 종들에게 문제가 있는 게 아님을 명심해라. 이런 예를 생각해서라도 사소한 것에서부터 잘 챙겨 드리고 기쁘게 해 드리거라.

너희들 부부가 효자 효부라고 주위 사람들로부터 이름이 오르내린다면 나는 이곳에서 이대로 죽는다 해도 풀지 못해 남을 한(恨)이 없다. 너희들 부부의 효심을 믿고 또 믿는다.

－1802년 12월 22일

부인에 대한 사무치는 미안함을 어찌 보상할 수 있으련가! 그리움만 더할 뿐이다. 이에 아들과 며느리에게 효도란 아주 사소한 것부터 시작됨을 가르치며 부리는 이들에게 맡기지 말고 손수 어머님을 챙기라는 당부와 그렇게만 해 준다면 아버지는 유배지에서 죽는다 해도 원이 없다는 마음을 전하고 있어 그 마음이 애처롭고 슬프기까지 하다. 만약 다산의 마음속에 달이 있다면 그건 아마 아내에 대한 큰 사랑 같은 보름달일 것이다.

유배지에서 보낸 편지…… 아들아!

편지 1-호연지기(浩然之氣)는 티가 나지 않아야 한다

자기 스스로 마음먹고 행하는 것은 다 우주(宇宙) 사이의 질서 안에서 일어난다. 나라는 존재가 우주의 아주 작은 톱니바퀴라는 생각을 하게 되듯 우주라는 커다란 울타리 안에서는 나 또한 가볍지 않다. 자고로 선비의 마음가짐이란 광풍제월(光風霽月)과 같아 비가 갠 뒤의 바람과 달처럼 마음결이 명쾌하고 집착이 없어야 하며 쇄락(灑落)하여야 한다. 비가 그치고 해가 나온 뒤에 부는 바람처럼, 비 내린 뒤 모습을 드러내는 달처럼 명쾌하고 간결해야 한다. 그런 마음으로 하늘을 대하고 사람을 대하다 보면 조금도 부끄러울 바 없는 도덕적 용기인 호연지기(浩然之氣)를 기를 수 있다. 자연히 마음이 넓어지고 몸이 안정될 것이다. 동전 몇 닢을 더 벌려고,

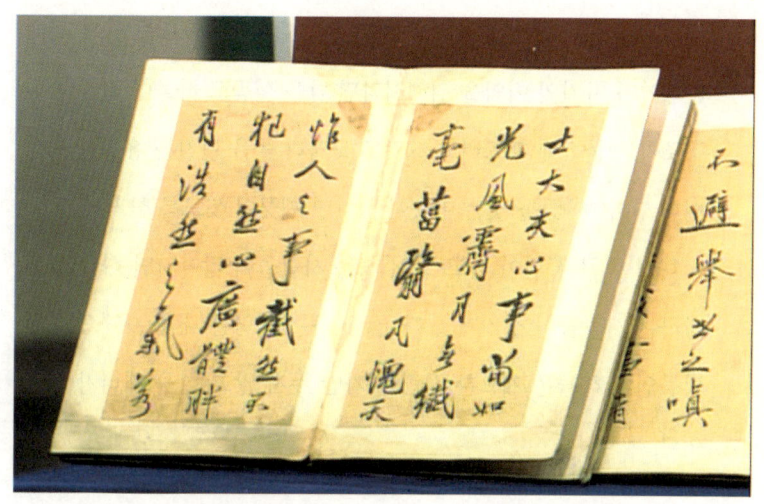
:: 하피첩을 펼쳐 놓은 모습으로, 광풍제월이라는 글씨가 보인다.

    포목 몇 자를 더 얻으려고 욕심을 부려 조금이라도 양심을 저버린 다면 이것은 애써 키운 호연지기의 기상을 죽이는 것과 다를 바 없 으니 경계를 늦추지 말거라. 그리고 특히 당부하고 싶은 것은 자기 몸을 벨 수 있는 혀를 조심해야 한다는 것이다. 아무리 단단하고 큰 항아리라 하지만 작은 구멍 하나에도 깨진 항아리가 되어 버리듯 평소 아무리 말을 미덥게 하더라도 거짓말 한마디로 인해 많은 사 람들로부터 잡귀신 같은 놈이라 놀림을 당하니 혀를 조심히 놀려야 한다. 다시 말해 늘 말을 조심하라는 얘기다. 늘 말을 부풀려 과장 되게 하는 사람은 으레 그러한 줄 알고 남이 믿어 주지 않는다. 신 분이 천하거나 가난한 사람일수록 더욱 말을 줄여야 한다.

    우리 가문은 뜻을 같이하는 사람들이 끼리끼리 모이는 붕당(朋

黨)에 관여한 적이 없는 깨끗한 가문이다. 그런데 요즘 들어 시대 분위기가 자기의 이익을 위해서라면 남을 헐뜯고 하물며 절친한 친구조차도 물속에 빠뜨리고 그것도 모자라 돌을 던지는 흉흉한 세상이니 당파(黨派)를 짓는 마음이 있다면 깨끗이 씻도록 하거라.

 나라에 큰 흉년이 들고 굶어 죽는 사람들이 많아지면 하늘을 원망하는 사람들이 생기게 된다. 굶어 죽는 사람은 대체로 게으른 사람들인데 하늘은 게으른 사람을 가만 두지 않고 벌을 내리기 마련이다.

자고로 사대부의 마음은 항시 광풍제월(光風霽月) 같아야 하고, 마음을 넓게 쓸 줄 알아야 한다는 내용과 호연지기(浩然之氣)를 기르기 위해서는 어찌해야 한다는 것을 가르치고 있다.

다산은 두 아들에게 학문에 정진하는 이의 마음가짐은 도리에 맞아야 하고 비 온 뒤의 청량한 바람처럼 순수해야 하며 마음은 넓게, 뜻은 아주 크게 가져야 언제 어디서나 조금도 부끄러울 바 없는 도덕적 용기, 즉 호연지기(浩然之氣)를 기를 수 있다고 당부하고 있다. 마음가짐을 단정히 하라는 간곡한 당부인 것이다.

뿐만 아니라 다산은 빼어난 재주나 지식보다는 올바른 마음가짐이 중요하며 아울러 지금처럼 당(黨)을 지어 이 편 저 편으로 갈리는 혼미하고 혼란스런 분위기에서는 반드시 말을 삼가고 어느 당파(黨派)에도 휩쓸리지 않도록 마음을 다잡으라고 일러 주고 있다.

편지 2-가문의 폐족(廢族)을 전화위복의 계기로 삼아야 한다

 長宜子孫 (장의자손)
"오래도록 너의 자손이 창성하리라."

자손이 번창되기를 기원하는 문구다. 다산의 마음 또한 이러했으리라.

새해가 밝았다. 군자는 해마다 이맘때면 지나온 날을 반성하고 새로운 마음가짐으로 군자다운 면모를 유지하려고 한다. 나도 외롭고 쓸쓸한 이 유배지에서 글 짓는 일로써 마음을 다잡고 실행에 옮기고 있다. 나는 어릴 적부터 일 년 동안 해야 할 일들을 학문 중심으로 뽑아 정리해 두었다. 읽어야 할 책들의 순서를 정하고 어떻게 정리해 나가야 시간을 낭비하지 않고 효과적으로 뜻한 바를 정리할 수 있는지 고민하고 실천하였다. 물론 사정이 생겨 차질을 빚을 때도 있었지만 실현시키고자 한 의지는 오히려 강해졌다. 내가 너희들에게 학문의 중요성과 함께 어려울 때 자신을 지켜 줄 수 있는 것은 결국 학문밖에 없다는 것을 편지로 수없이 일렀는데도 너희는 아직도 경전(經傳)이나 역사(歷史)에 관하여 질문도 하지 않고 자기 생각과 주장을 적은 논조나 미심쩍은 한 구절도 제기치 않으니 너희가 학문에 소홀히 하고 있다는 생각을 지울 수 없구나. 어찌 이 아비의 말을 무시하느냐?

너희들이 어린 시절에 늘 보고 대하던 것이 문전(門前) 잡것이나 시중드는 일만 하는 하인 또는 서리(胥吏)들뿐이어서 비천하고 가벼울 수도 있을 테지. 아무 생각 없이 보이는 대로 흡수하고 똑같아진다면 그들과 다를 바 무엇이겠느냐? 이는 행실을 바로 하려 하고 학문을 즐기려는 마음이 애당초 없는 것이다. 내가 안타깝고 애태우는 마음으로 더욱 집에 돌아가고 싶어 하는 까닭은 너희들 뼈와 골수가 다 차고 좋은 기운이 나쁜 쪽으로 기울어진 채 지내다 그저 소인으로 살아가지 않을까 하는 우려 때문이다. 아비는 만에 하나 너희들이 내 뜻을 저버리고 허송세월을 보내지 않을까 초조하기 이를 데 없다. 학문에도 시기가 있는 법이다. 그때를 놓치게 될까 봐 걱정이 태산인데 집에 책이 없어 학문을 소홀히 하는 것이냐? 아니면 눈과 귀가 아둔하고 머리에 총명함이 없음을 알고 노력을 하지 않는 것이냐? 재주만 생각하고 학문을 게을리 하거나 포기하려고 들면 우리 가문은 영원히 폐족(廢族)으로 살 수밖에 없지 않겠느냐?

비록 너희 처지가 죄인의 아들이기에 벼슬길이 막혔다 해도 성인(聖人)이 된다면 감히 누가 얕잡아 보겠느냐? 그도 아니면 문장가(文章家)가 되던지 식견과 이치에 통달한 선비가 되는 것 또한 그와 같지 않겠느냐?

벼슬에 연연하지 않고 마음을 비우고 학문에 정진하게 되면 과거 시험을 준비하는 사람처럼 문장에 얽매이지 않을 뿐더러 생각을 거침없이 확장시킬 수 있고 사물의 시비(是非)를 가리는 조예가 생길 수 있다. 그런 까닭에 율곡(栗谷) 같은 성인은 어려서 부모를 여의고도 고난을 이겨 내 더할 수 없는 경지에 이르렀고, 우리 가문에는 세상 사람들이 시기와 경계를 일삼는 역경 속에서도 높은 덕(德)을 이루신 우담(愚潭) 선생이 있지 않느냐? 환란 속에서 갖은 고초를 당하면서도 유명한 학자가 되신 성호(星湖) 선생의 경우도 잘 생각해 보거라. 어려움을 오히려 약으로 삼을 줄 알아야 비로소 이루었다 할 수 있느니라. 위 세 분 모두가 그 시대의 지위가 높은 집안 자제들이 이루지 못한 업적을 이루고 존경받는 이름을 남기지 아니하였느냐? 이는 진보에 방해가 되는 풍요가 몸과 마음을 가리지 않아 순결한 정신으로 학문에 매진하여 뜻한 바를 이루었기 때문이다.

아들들아 명심하거라.

평민으로 태어나 배우지 않으면 평민보다 못한 사람으로 살아가듯이 출세의 길이 막혀 버린 폐족 집안이라 해서 그나마 배우지 않는다면, 인간의 도리도 모르고 비천하게 타락한 사람이 되는 것은 당연하고 결국 덕망을 잃고 학문의 길도 막혀 사람들로부터 외면을 당하게 될 것이다. 또한 인간 다반사를 결정하는 혼인길도 막혀 버려 어쩔 수 없이 비천한 집안과 혼인하게 되면 집안은 더욱 폐망(廢亡)하게 된다. 내 비록 오랜 귀양살이로 몸과 마음이 쇠약해져 있지만 너희들이 학문에 정진하고 배운 바를 실행에 옮긴다면 어찌 아니 기뻐하겠느냐?

내가 단 몇 해만이라도 너희 곁에 있을 수 있다면, 몸과 마음을 다잡아 효(孝), 제(悌), 충(忠), 신(信), 예(禮), 의(義), 염(廉), 치(恥) 여덟 자의 근본을 이해시켜 받들고 가족의 근간이 되는 화목을 실현시키련만……. 경서(經書)와 사기(史記)를 같이 연구하고 시(詩)와 예(禮)를 담화하고 의론하며 많은 책을 서가에 진열해 배움의 기쁨을 함께 나누련만……. 집 안 곳곳에 화훼, 약초들을 심어 무성하게 자라는 것 또한 함께 볼 수 있으면 좋으련만…….

반가운 손님이라도 찾아와 정성이 담긴 안주를 내어 한 잔 술 기울이면서 고금의 시류를 논의한다면 비록 폐족이기는 하나 식견이 있는 사람들이 부러워할 것이다. 조금만 참자. 세월이 가면 반드시 폐족에서 풀려나 장래 희망의 빛이 환하게 비추지 않겠느냐? 이 점 깊이 생각해 보아라. 아직 남은 희망인 여망(餘望)이 우리를 기다려주고 있는데 외면(外面)만 한다면 어리석지 않겠느냐?

사랑하는 아들들아!

최선을 다해 마음속에 조금이라도 성의를 가지고 미래를 생각하며 학문에 매진한다면 반드시 좋은 결과가 있을 것이다.

— 1803년 정월 초하루.

위와 같은 편지 글을 통해 다산은 거의 폐족이 된 집안을 걱정하고 두 아들로 하여금 집안을 안정시키는 일에 힘써 줄 것을 당부하고 있다. 또한 죄인이 되어 귀양살이를 해야 하는 아버지 때문에 과거 시험도 치를 수 없다는 절망에 빠져 있을 아들들에게 희망의 메시지를 전하면서 올바른 학자의 길을 걷기를 부탁하는 간절함도 엿보인다.

폐족(廢族)이라는 어려운 현실이 어찌 보면 출세를 방해할 수도 있지만 조금만 사려 깊게 생각하면 과거나 출세에 구애하지 않고 참된 공부를 할 수 있을 뿐 아니라 양반들이 경험하지 못하는 밑바닥 학문까지도 경험할 수 있다는 장점을 얘기하며 오히려 폐족이 학문에 집중할 수 있어 좋은 계기가 된다는 것이다. 또한 더 나아가서 독서를 게을리 하지 않고 학문을 닦는 일에 정진하여 나중에 나라에서 부를 때 언제든 뛰쳐나갈 준비를 하는 것이 폐족에서 벗어날 수 있는 길이라고 말하고 있다.

공자가 "공부는 평화로울 때 전쟁을 대비하여 군인이 칼을 갈아 두는 것과 같다"고 이르질 않았는가? 설령 부름을 받지 못한다 하더라도 훌륭한 학자가 되기를 바라는 내용의 편지가 마치 아비의 심장이 녹아내리는 용광로같이 간절하다.

편지 3-아버지의 목숨을 살리는 길

아들들아 보거라.

주위를 둘러봐도 의지할 곳 없는 유배지에서의 외로움과 가족에 대한 그리움에서 조금이나마 벗어날 수 있게 하는 것은 책과 붓뿐이다. 책과 붓은 마음을 잡아 주는 큰 벗이다.

독서를 하다 마음에 드는 문장을 만났을 때의 기쁨은 실로 크다. 오랜만에 벗을 만난 듯 혼자 읊조리거나 눈을 감고 있다 보면 너희들에게 그 기쁜 글귀를 전하고 싶어지는구나. 그런데 너희들은 독서를 멀리하고 붓과 책을 하찮은 물건 보듯 하고 있어 안타깝구나. 세월은 강물처럼 빠르게 흘러가고 너희들도 신체도 커지면서 수염도 자라고 어른이 되어 머리가 굳어지면 학문을 닦을 시기를 놓칠까 염려스럽다.

그런 후에 내가 저술한 책을 너희가 읽으려고나 하겠느냐? 너희들이 내 책을 읽어 주지 않는다면 내 저서는 아무런 가치가 없게 될 것이다. 그렇다면 나는 가치 없는 책이나 쓴 미련한 사람이 되고 말지 않겠느냐? 그야말로 허송세월(虛送歲月)만 보낸 꼴과 무엇이 다르겠느냐. 너희들이 내 사상과 철학이 녹아 있고 세상을 이롭게 이끌어 주리라 기대하던 학문들조차 가까이 하지 않고 알아주지 않는다면 나는 더 이상 살고 싶지 않다. 너희들에 대한 기대는 저버려야 하고, 최소한의 관심도 받지 못한 사람처럼 정신은 없고 몸만 살다 얼마 못 가 병이 날 것이고 이 병에 대한 약도 없을 것이다. 어찌하겠느냐? 너희들이 독서를 하고 학문을 닦는 것만이 내 목숨을 살리는 일임을 기억하거라.

　내가 전에도 편지에 기술하였듯이 세간 사람들 중에 지금 우리 가문을 폐족 집안이라 칭하며 난 체하고 방자하게 낮춰 보거나 가벼이 업신여기는 이들이 있어 화가 치밀고 서러워 죽겠는데, 너희마저 학문을 소홀히 해서 교양 없는 천민이 된다면 실로 비참하지 않겠느냐. 너희들이 마지막까지 학문을 배우려 하지 아니하고 포기라도 한다면 내가 저술한 책과 자료들은 어찌 되겠느냐. 불쏘시개나 휴지 조각으로 사용될 수도 있을 뿐 아니라 내 책들이 후세에 전해져 읽혀지지 못한다면 나를 모함하고 죄인으로 몰아 부친 이들에게 내가 어떤 사람으로 취급을 당할지 자명한 일이며 후세 사람들은 또 나를 어찌 평가하겠느냐? 너희들이 우리 가문의 장래를 생각해 더 분발해서 내가 어려운 처지에서도 꿋꿋이 이어 온 학자 집안의 전통을 계승해야 한다. 때가 오면 다시 빛을 보게 될 것이다.

　폐족이 된 집안이라도 남들에게 얕잡아 보이지 않고 두 아들을 제대로 된 선비로 키워 지키려는 아버지 다산의 염원이 담겨 있는 편지다. 대대로 대문장가의 집안이기에 글과 붓으로도 가문을 지킬 수 있음을 주지하고 끊임없이 학문을 연구하며 저술 활동을 계속했던 다산은 그 연구와 저서들을 아들들이 이어가 주길 바라는

十載人間書卷澄 三春山外事無知

神飛游戲雪方池老屋青藤墨瀋垂
十載人間書卷澄三春山外事無知假
來花鴻猩紅雯帆及苔溪鴨綠時書霖
小盦窻秀語白雲晴急雨相宣
此上

石農大兄雅鑒 並請 答教
百樵未定藁

:: 다산의 큰아들 학연이 석농(石農)에게 올린 시고(詩稿). 우측은 시의 초고(草稿) 중 한 부분을 발췌한 것이다.
출처: 다산 정약용 선생 유물특별전-가계(家系), 강진군.

마음이 간절했다. 그런 연유로 세상을 이롭게 하는, 세상을 구하는 책을 읽으라고 아들들에게 충고하고 있다. 지극한 정성으로 자식들을 가르치고 있는 것이다.

큰아들 학연이 속세를 떠나 쓸쓸하고 고요한 암자에서 아무런 속박 없이 학문에 정진한 모습을 보여 준다.

十載人間書盡讀 三春山外事無知
십재인간서진독 삼춘산외사무지

"열 수레의 세상 책을 모조리 읽느라 세 번 봄이 지나는 동안 산 밖에서 무슨 일이 일어났는지 모르겠다"는 의미다. 이러한 시의 내용으로 보아 독서를 게을리 하지 말라는 아버지의 말씀과 뜻을 받들고 실천에 옮겼다는 것을 알 수 있다.

편지 4-시비(是非)와 이해(利害)의 기준을 가릴 줄 알아야 한다

세상에는 두 가지 큰 기준이 있다. 하나는 옳고 그름의 시비(是非) 기준이고 다른 하나는 이롭고 해로움, 이해(利害)의 기준이다. 이 기준을 조합하면 네 가지 등급이 나온다. 옳은 것을 지켜 이로움을 얻는 것이 가장 높은 등급이고, 그 다음이 옳은 것을 지켜 해로움을 입는 등급이고, 그 다음은 옳지 않은 것을 추종하여 이로움을 얻는 경우이고, 가장 낮은 등급은 옳지 않은 것을 추종하여 해로움을 입는 경우이다.

큰아들 학연아! 너는 나를 모함하고 곤궁에 빠뜨려 귀양을 보낸 자들에게 머리를 숙이고 동정을 구해 귀양에서 벗어나라고 하는구나. 옳지 않은 데서 이익을 얻는 세 번째 등급을 택하라는 것인데 이것은 반드시 해로움을 당하는 네 번째 등급으로 떨어지는 것과 다를 바 없다. 내가 어찌 이런 일을 하겠느냐?

아들아 잘 생각해 보거라. 그들은 나를 조정에 상소해 욕되게 한 자들이다. 없는 잘못을 만든 이들에게 하지도 않은 잘못을 빌고 애걸한들 무슨 도움이 되겠느냐? 내가 귀양살이에서 벗어나 집으로 돌아가는 것도 중요하지만 사람이 죽고 사는 일에 비하면 그리 중요하지 않다. 집으로 돌아가기 위해 바르지 못한 사람들에게 머리

조아리고 선처를 호소한다면 그것은 마치 왜적의 침략으로 난리가 났을 때 임금님을 저버리고 적에게 투항하는 것과 마찬가지다. 죽기 전에 유배에서 풀려나 고향 땅을 밟는 것도 내 운명이고, 고향 땅을 밟지 못하는 것 또한 내 운명이다.

옛말에 "사람이 할 바를 다하고 천명을 기다린다"는 수인사대천명(修人事待天命)이란 말이 있질 않느냐? 하지만 나는 안다. 어떤 짓을 하던 그 사람들이 내 운명까지 바꿔 놓을 수 없다는 것을……. 마음을 크게 먹고 나를 너무 걱정하지 말거라. 지금은 기다리는 것이 마땅하니 다시는 거론치 말자.

— 1816년 5월 3일.

큰아들 학연으로부터 조정에 판서로 있는 사촌 처남과 그를 따르는 무리들한테 유배에서 풀려날 수 있도록 동정을 구하고 도움을 청하는 것이 어떠냐는 내용의 편지를 받고 다산이 쓴 답장이다. 아들에게 그것이 왜 바르지 못한가를 두 가지 가치판단의 기준을 들어 잘못을 지적하고 타이르고 있다. 모든 일에는 이치가 있고 감내해야 할 운명도 있으니 너무 조급하게 행동하지 말며 눈앞의 이익에 눈이 멀다 보면 옳지 못한 길을 갈 수 있기 때문에 "일을 가려서 하라"는 처세 판단 기준에 대한 가르침이 담겨 있다.

편지 5 – 남에게 베푸는 시혜(施惠)보다 더 좋은 것은 없다

우리가 살아가는 데 필요로 하는 음식이나 옷이나 재물 등은 대수롭지 않고 부질없는 것이다. 음식은 썩어 없어질 뿐이고, 옷이란 몸뚱이만 가리면 그만이고, 재물이란 화(禍)를 불러오게 된다. 다만 어렵고 가난한 이웃이나 친지나 벗에게 나눠 주면 그 고마움은 영원히 마음으로 남게 된다.

돈이나 그 밖의 온갖 값나가는 재물은 어떻게 형태를 달리해 사용하느냐에 따라 가치가 달라진다. 방향을 잘 정하여 사용해야 하는데 자신만을 위해 잘 먹고 잘 입는 데 사용해 버리는 것은 그 형태를 아무 의미 없이 버린 것과 마찬가지이고, 궁핍한 이웃들에게 두루 모자람이 없이 나누어 주는 것은 그 형태를 정신적으로 승화시켜 사용한 것이 된다. 재물이 가진 물질적인 향락에 빠진다면 아무리 많은 재물이라도 모자라고 오히려 죄악에 빠지기 쉬울 것이나 재물의 정신적인 만족을 누린다면 아주 적은 것이라도 사람들의 마음속에 고마움으로 남아 있을 것이다. 재물의 형태만 바뀌었을 뿐 그 가치는 줄어들거나 변하지 않을 것이다.

잘 생각해 보아라.

재물이나 재화를 오래도록 간직하는 최고의 방법으로 남에게 은혜를 베푸는 시혜(施惠)보다 더 좋은 건 없다. 은혜를 베풀면 불에 타거나 홍수에 떠내려갈 걱정도 없고 남에게 빼앗길 걱정 또한 없으며, 재물을 헛되이 써 버려 죄악이 되지 않을까 하는 걱정이나 운반하는 수고로움도 덜 수 있다. 많은 사람들이 우러러보며 후세까지 칭송(稱頌)이 전해지는 것은 물론이고 조상의 선덕(先德)으로 너의 후손들이 번창한다면 그 또한 기쁘지 않겠느냐. 누구나 많은 재물이나 재화를 보이지 않게 지닐 수 있는 편리한 방법! 그것은 어려운 이웃을 위해 베풀고 배려할 줄 아는 시혜임을 명심하거라. 유배지에서 다산 쓰다.

다산은 이 글에서 몰락한 집안이나 가난한 이웃에게 베풀고 배려하며 후덕하게 사는 것이 최고의 가치임을 자식들에게 교훈적으로 가르치고 있다. 남에게 베풀어 몸에 지니게 되는 재물은 여유(餘裕)와 상서로운 기(氣)를 가져다준다. 결국 몸속에 좋은 에너지인 기(氣)가 흐르게 되어 심신이 단정해지고 남이 쉬이 대할 수 없는 의연함과 당당함도 생긴다. 다산은 시혜(施惠)야말로 평생 몸에 지닐 수 있는 서기(瑞氣)라고 강조하면서 살아가는 진솔한 길의 방향을 제시하고 있는 것이다. 시혜는 뭇사람을 어질고 넉넉한 사랑으로 돌보아 주는 민천(旻天)과 다를 게 없다.

　　　施惠不念 受恩不忘　　시혜불념 수은불망

내가 남에게 베풀어 준 것은 마음속에 두지 말고, 남에게서 받은 은혜는 잊지 말라는 그 현명한 삶의 길에 동참하며 살고 싶다.

편지 6-마음을 기울여 힘써야 할 세 가지

학문의 접근 방법 중의 하나로 반관(反觀)이란 것이 있는데, 이는 반대관조(反對觀照), 사물을 반대로 생각하며 보라는 것이다. 옳고 그른 것을 뒤집어 보다 보면 소홀히 여겨 간과할 수 있는 것들을 놓치지 않을 수 있고 결국 실체를 깨닫게 하는 관념적 방법이다. 다시 말해서 '내가 생각하는 것이 옳다'는 고착된 생각에서 벗어나라는 것이다. 그런데 그 의미를 잘못 해석하여 제 한 몸 편한 대로 고민 없이 행동해 과오를 범한 적이 있었다. 마음을 다잡지 못하고 몸을 가볍게 여기며 꾀가 있고 눈치가 빨라 방탕을 즐기던 사람들이 제 세상을 만난 듯 휘젓고 다녔는데, 나 또한 한때 그 학문의 영향을 받은 것에 후회하면서 예절 바르게 고치려 해도 어렵기만 하여 한스러워 했던 적이 있다. 그런데 일전에 너희들이 옷깃을 여미고 무릎을 꿇고 앉거나 하는 바른 몸가짐을 보이지 못할 뿐 아니라 얼굴빛을 밝고 바르게 가지지 못한 것을 보았다. 이는 가르침이 모자란 내 탓도 있겠지만 마음을 안정시키기 위해서는 우선 외모를 단정히 가꾸어야만 된다는 수양의 기본을 너희들이 모르기 때문이다.

살아가면서 자세가 삐딱하고 쓸데없는 말로 주위를 두리번거리는 사람에게 어찌 깊이 삼가고 공경하는 마음이 일겠는가? 이러지 않으려면 우선적으로 마음을 기울여야 할 세 가지가 있다. 동용모(動容貌), 출사기(出辭氣), 정안색(正顔色)이니라. 다른 사람이 얼굴

표정을 맑고 밝게 움직일 수 있도록 노력하는 것이 첫째요, 찡그린 얼굴을 멀리하고 불손한 말을 삼가고 바른 말을 할 줄 알아야 하는 것이 둘째요, 자신의 얼굴 모습을 바르게 하려 노력해야 하고, 안색 또한 어둡지 아니하고 밝게 가지려 힘써야 하는 것이 셋째다. 이를 지키려면 난폭하고 거만하고 어긋난 것을 멀리하여 온화하고 겸손하고 바른 것에 더 정이 가는 미더움을 키워야 한다.

  살아가면서 늘 대하는 말과 얼굴을 제대로 가지지 못하면 아무리 재주가 뛰어나고 남다른 학문을 가졌다 할지라도 이는 하늘 아래 땅 위에 바로 섰다고 말할 수 없으며, 세상의 이치에 어긋나고 가볍기 이를 데 없는 것이니라. 나는 이 세 가지를 성인의 도(三斯-삼사)로 삼아 책을 쌓아 두고 글을 읽고 쓰는 글방(書齋-서재)의 이름으로 삼고 싶다. 다시 강조하건대 공손하지 못하고 난폭한 말이나 행동으로 다른 사람의 얼굴을 찌푸리게 하거나 거만한 얼굴을 하면 안 된다. 사람의 얼굴빛이 환해야 복이 온다. 너희들이 위 세 가지의 덕목을 깨달아 몸에 배도록 이 삼사재(三斯齋)를 선물하니 너희 글방의 또 다른 이름으로 삼고, 삼사재기(三斯齋記)라는 제목으로 글을 지어 나에게 보내거라. 나도 너희들과 같이 글 하나를 짓도록 하마. 글을 지음에 있어 세 가지 모두를 마음에 담고 스스로 경계가 되는 글을 지은 다음 삼사잠(三斯箴)이라 제목을 붙이거라. 너희들이 스스로 지은 글을 보고 스스로 행동에 옮기는 것이 성인의 길이기에 그걸 바라보는 나는 복 많은 사람이라며 기뻐할 것이다. 유배지에서 다산 쓰다.

　누구나 얼굴 모습이 그 사람이 살아온 인생의 이력서이고 얼굴빛을 보면 그 사람의 건강 상태를 알 수 있으며, 목소리를 들어 보면 그 사람의 마음의 맑고 탁함을 알 수 있다고 하지 않았는가? 인생을 편안하게 순리대로 살아온 사람의 얼굴은 보기에 좋고 후덕해 보이는 반면 남을 배려할 줄 모르고 욕심대로 살아온 사람의 얼굴은 옹색해 보인다. 다산은 이 편지에서 자식들의 몸가짐에서부터 얼굴 표정과 얼굴빛을 바르게 하라고 가르치고 있다. 다산이 자식들에게 보내는 편지는 참으로 어질다. 자식들의 어질고 환한 얼굴이 집안에 윤기를 더하길 바라는 마음이다. 내일로 미루지 말고 지금 당장 실천에 옮기라는 다산의 근엄한 목소리가 들리는 듯하다. 다산은 자녀들뿐 아니라 제자들에게도 교훈의 글을 아래와 같이 남겼는데, 자신을 따르던 제자들과 이별할 때 제자들에게 가슴 깊이 새기고 교훈으로 삼을 만한 문장(文章)을 선물했다.

讀書最忌閙辯 虛憍浮躁敗德　독서취기굉변 허교부조패덕
之機也安靜緻密 記含乃富　　지기야안정치밀 기함내부
恭謹重厚資質乃美戒之哉　　　공근중후자질내미계지재
小子贈禮　　　　　　　　　　소자증례

독서할 때 경계하고 분별해야 하는 것은 조급히 자만하는 것이다.

:: 제자들에게 선물한 문장. 독서의 예를 가르치고 있다.
출처 : 다산사경첩(茶山四景帖), 강진군.

　　자기의 재능 따위가 높다고 헛되이 교만을 부리거나 마음을 넓게 가지지 못하고 천박하고 경솔하게 굴면 도리와 의리를 그르치게 되어 사람이 마땅히 행하여야 할 바른길을 등지게 된다. 마음과 정신을 편안하고 고요하게 가지고 치밀한 자세로 정진하면 학식이 높아지고 풍부해질 것이다.
　　나아가 말은 공손하게 삼가고 조심스레 하며, 태도는 정중하게 행동은 신중하게 수행하다 보면 타고난 성품과 바탕까지 아름다워지니 경계로 삼을 만하다.

편지 7-용기가 없으면 어느 것 하나 이룰 수 없다

　　삼덕(三德)에는 슬기를 상징하는 지(智), 덕의 기초가 되는 어짊을 의미하는 인(仁), 사물을 겁내지 않는 기개를 뜻하는 용(勇)이 있다. 용기(勇氣)는 본질의 외면이 아니라 능동적인 실체가 되는 것이다. 비굴하지 않게 부족함과 부끄러움을 드러내는 것도 용기요, 두려움 없이 마음먹은 대로 실천에 옮기게 하는 것도 용기다. 용기를 잃지 않기 위해 노력하다 보면 뜻하는 바를 얻을 수 있을 것이다.

　　학문을 하고 싶다면 주공(周公)을, 문장가가 되고 싶다면 유향(劉向)이나 한유(韓愈)를, 글씨를 잘 써 이름을 날리고 싶다면 왕희지(王羲之)를, 세상 누구보다 돈을 많이 벌어 부자가 되고 싶다면 도주(陶朱)를 생각해야 할 것이다. 자기가 가고자 하는 방향의 최고인 사람을 목표로 정해 놓고 그 사람의 철학이나 실천했던 바를 열심히 따라하다 보면 그 수준에 이를 수 있을 것이다. 이는 시간이나 노력을 낭비하지 않고 목표를 달성할 수 있는 지혜로운 한 방법이라 생각된다. 따라서 실행 제일의 덕목은 용기라고 말할 수 있을 것이다. 유배지에서 다산 쓰다.

　　이것은 작은 아들 학유에게 노자 삼으라고 주었던 집안의 교훈으로 신학유가계(贐學游家誡)이다. 아무리 사소한 일이라도 용기가 없으면 성취될 수 없다는 살아 있는 가르침을 길 떠날 때 요긴

贐學游家誡

贐者三藥之一壓人之而閒物奠賜贐褊
天地者勇之府也孰人也孰為為恋志
孝悌勇也欽為經濟之學阿曰周公何人
也舜為家孰為欽為將工阿曰劉向韓愈
何人也肯為者肯宗之孰為書法名家
阿曰褧眺何人也欽為富則曰陶朱猗頓
何人也肯有一人為準的期於此齋而後已
此贐贐之所為也

:: 신학유가계(贐學游家誡). 다산이 아들 학유에게 노자 삼아 준 가계다.
贐(신)의 뜻 : 먼 길 떠나는 사람에게 노자 또는 물품을 줌.
출처 : 다산 정약용 선생 유물특별전-유묵(遺墨), 강진군.

하게 쓰라고 주는 노잣돈처럼 챙겨 주는 아버지 다산이다.

용기는 삼덕(三德) 중의 하나다. 각 분야 최고 성현의 이름을 거명하며 용기 있는 자만이 뜻한 바를 이룰 수 있다고 강조하고 있다. 고향과 가족을 떠난 고단한 귀양살이 가운데서도 자식들이 굴하지 않고 바르게 성장해 주기를 바라는 아버지의 간절한 애정이 그대로 담겨 있다.

편지 8-둘째 아들 학유의 주량을 걱정하며

둘째 아들 학유 보아라.

너의 형에게 술 한 잔을 마시게 했는데도 취하지 않아 둘째의 주량이 얼마나 되는지 물었더니 네 형보다 주량이 세다고 들었다. 내가 그리 간절히 원하는 글공부 습관은 이으려 하지 않고 어찌 술 마시는 실력만 나를 넘어서느냐! 글 읽는 소리보다 목으로 술 넘기는 소리가 더 좋은 모양이구나. 참으로 큰일이로다. 술은 마시면 마실수록 사람의 마음을 흥분되게 만들고 세상을 삐딱하게 바라보게 하지만 책은 읽으면 읽을수록 정신을 고요하게 가다듬고 세상을 바로 보게 하는 좋은 기운이 있다는 것을 명심하거라.

너의 외할아버지께서는 관직에 계실 때 약주를 많이 하시고도 취하는 분이 아니셨지만 그래도 술을 입에 대지 않으려 하셨다. 나중에 벼슬에서 물러나 유유자적하실 때 비로소 아주 작은 술잔에 입이 아닌 입술로 한가로움만 축이셨지. 가히 술의 정취를 아시는 분이셨단다. 나도 술을 많이 마신 기억이 없어 주량조차 아직 모르고 지낸다. 내가 술을 마셨던 경험을 얘기해 주마. 벼슬 전 학사끼리 학문의 높고 낮음을 다투는 평가에서 세 번이나 일 등한 덕분으로 붓을 꽂는 필통에 소주(燒酒)를 가득 받아 마신 적이 있다. 적지 않은 크기의 필통이기에 속으로 "오늘 심하게 취하겠구나" 했는데 의외로 그리 취하지 않았다. 또 한 번은 임금님을 모시고 공부하던 중 학업의 정분(精分)을 나눈다며 한 사람씩 차례대로 술 한 사발씩 하사(下賜) 받은 적이 있다. 같이 마신 사람 중엔 술에 취해 정신을 놓아 버린 사람, 엉뚱한 곳을 향해 절을 하는 사람, 아예 드러누워 일어나지 못하는 사람이 있었는데 술이란 것이 그리 멀쩡하던 사람들을 어찌 이리 만드는 것인지……. 그렇지만 나는 정신을 놓지 않았고 책을 다 읽었던 기억이 있다. 스스로 생각해도 내 주량이 어느 정도까지는 된다고 생각하고 있지만, 내가 너희들 앞에서 내가 술을 반 잔 이상 마신 일을 본 적이 있느냐?

술의 정도란 입술을 적시는 데 있다. 마구잡이 통술을 먹는 사람은 입술이나 혀로 음미하는 것이 아니고 목구멍으로 술을 들이붓는데, 술 맛이나 알겠느냐? 술의 정도도 모른 채 주량보다 많이 마셔 얼굴빛이 홍당무가 되어서는 소리를 지르고 구역질을 하거나 마신 술을 이기지 못해 큰 대자로 엎어져 곯아떨어진다면 이 얼마나 채신머리없는 일이겠느냐? 머리가 띵하고 입에서 술 냄새가 나면 평판이 나빠져 주위 사람들 또한 멀리할 것이고, 주색잡기에 능한 사람들만 파리 꼬여들듯 모여들 것이다. 이러고도 과연 술의 정취를 논할 수 있겠느냐? 술을 마시는 정취는 감각에 따라 일어나는 정조(情調)와 평소 느끼지 못하는 붉은 기운을 맛보는 데 족하다.

걱정과 초조함에 싸인 이 아비의 천애(天涯)의 심정을 헤아리거라. 아득히 떨어진 타향에서 너의 잘못을 다 잡아 주기 위해 애쓰는 내가 가엾지도 않으냐. 술은 개념이 서지 않은 상태에서 가까이 하기엔 너무나 위험한 벗이다. 한 번에 술을 많이 먹는 폭음은 오장육부(五臟六腑)에 주독(酒毒)이 쌓여 속에 병이라도 들면 일어나기 어렵다. 실로 두려워하고 경계해야 할 일이다. 술이 나라를 망하게 하고 가정을 망치고 정도가 통하지 않는 흉(凶)한 세상을 만들어 왔다. 너처럼 배우지 못해 이치(理致)에 밝지 못하고 폐족 집안사람인 것도 모자라 술주정뱅이란 이름까지 가진다면 앞으로 어찌 살아가려 하느냐? 심히 불안하구나.

술로 인한 병이 너무도 많다. 오장육부에 독이 쌓여 병이 들고, 정신을 다스리는 뇌에서도 발병하고, 눈알은 물론 살갗과 오줌이 누런빛으로 변하는 황달도 생기고, 항문에 구멍이 생겨 고름이나 묽은 똥이 새어 나올 수도 있다. 일단 한 번 병이 들면 백 가지 약을 써도 고칠 수 없게 된다. 다시 한 번 신신당부하건대 술을 딱 끊고 다시는 입에 대지 말기를 바란다. 다산 쓰다.

둘째 아들 학유가 마시는 술의 양이 많고 술을 자주 한다는 말을 듣고 다산은 자신이 술을 마셨던 경험과 주력(酒力)을 설명하면서 술의 진정한 도와 정취를 얘기한다. 그리고 술을 많이 마시면 병이 생길 수 있다는 말로 겁도 주지만 결국엔 천애(天涯)라는 언어로 술을 말리고 싶은 아비의 심정을 토로(吐露)하고 있다. 물가 벼랑 끝에 서 있는 절박(切迫)한 속마음을 죄다 드러내고 있는 것이다. 여기서 천애라는 단어가 가슴속에 다가와 엉긴다.

편지 9-양계에 대한 가르침은 농가월령가(農家月令歌)를 낳고

　네가 닭을 기른다는 얘기를 들었다. 닭을 치는 것은 유익한 일이지만 닭을 기르는 데도 차이가 있고 그 차이를 이해하는 것에 또한 차이가 있다. 품위 있고 깨끗하게 닭을 치는 것과 천(賤)하고 더럽게 닭을 치는 것을 구별할 줄 알아야 한다. 닭의 성질은 직선적이어서 날카롭고 경계심이 강하다. 깊이 생각하고 행동하는 두뇌형이 되질 못한다. 그러나 닭의 춤을 가만히 살펴보거라. 닭은 절묘하게도 춤을 잘 춘다. 한쪽 발을 두 번 차는 깨금질과 빙글빙글 반복해 돌면서 팔자를 그리는 어지럼 춤으로 그렇게 빠르지도 않고 느리지도 않게 잘도 추어 댄다. 닭의 춤은 봉황도 흉내를 낼 정도이다. 닭은 원망하지 않고 자신의 일에만 충실하여 한 곳에 둥우리를 틀고서 새벽을 알리고 시간을 알려 준다. 닭이 가지고 있는 특성 등을 이해하면 양계를 하는 데 도움이 될 것이다. 그리려면 닭 기르는 방법이 나와 있는 농서(農書)를 숙독해서 실수 없이 길러야 한다.

　닭을 빛깔에 따라 구별해 보기도 하고, 닭이 앉아 있는 횃대의 위치나 높낮이를 달리해 보거라. 이왕이면 다른 닭보다 통통하게 살찌게 하고, 알도 더 많이 낳고, 번식도 잘하게 하면서 간혹 닭이 가지고 있는 덕목을 파악하고 닭의 감흥과 경치와 그에 어울리는 너의 마음을 시로 지어 묘사해 보기도 해라. 닭을 기르는 데만 힘을 쏟고 고아한 품위가 있는 기상을 모른다면 이것은 글공부 하는 사람의 양계가 아니니라. 또한 약삭빠르게 의리를 거들떠보지 않고 이익만 앞세우다 보면 주위 사람과 다툼이 일게 되고 억지를 부리게도 된다. 이것은 소인배의 행동이다. 네가 어떤 길을 택할지 나는 믿는다. 닭에 관하여 기술된 백가의 책을 참고하여라. 그리고 조금 더 욕심을 내어 본다면 닭에 관한 모든 것들을 한데 모아 차례를 정하고 살을 더해 양계(養鷄)에 관한 전문적인 경(經)을 만들어 보아라. 고상하지 못하고 천한 일을 한다 하더라도 고아한 품위나 운치(韻致) 있는 기상을 모름지기 우선으로 삼아야 할 것이다. 아무리 천하고 속된 일에 몸을 담고 있더라도 선비의 깨끗한 기상을 잊지 말고 견지하여야 한다는 말이다. 유배지에서 다산 쓰다.

위 편지를 보면 다산은 유배 4년 만에 강진으로 아버지를 찾아온 맏아들 학연을 만나게 된다. 그리고 작은 아들 학유가 양계를 한다는 말을 전해 듣고 그 편으로 보낸 당부 편지다. 다산은 글공부하는 사람의 양계는 보통 사람의 양계와는 달라야 하고, 옛 문헌에 나와 있는 닭에 관한 기록들을 다시금 보기 좋게 체계적으로 정리해서 닭을 치는 데 활용할 것을 당부하는 한편 닭의 정경(情景)을 시로 짓고 음미하는 재미 또한 크다고 일러 주고 있다. 다시 말하자면 다산은 양계를 통해 학문하는 방법을 가르치고 있는 것이다.

이런 아버지의 가르침에 대한 영향일까? 둘째 아들 학유는 농사 절기를 일 년 열두 달로 나누고 농가(農家)에서 일 년 동안 해야 할 일과 절기에 따른 의식 및 세시 풍속에 스며들어 있는 미덕을 노래한 농가월령가(農家月令歌)를 지었다.

농가월령가 중 이월령(二月令)에는 닭에 대한 부분이 언급되어 있다.

이월은 중춘이라 경칩 춘분 절기로다
초육일 좀생이는 풍흉을 안다 하며
스무날 음청으로 대강은 짐작나니
반갑다 봄바람이 의구히 문을 여니
말랐던 풀뿌리는 속잎이 맹동한다
  (중략)
안팎에 쌓인 검불 정쇄히 쓸어 내어
불 놓아 재 받으면 거름을 보태려니
온갖 가축 못다 기르니 소 말 닭 개 기르리라
씨암탉 두세 마리 알 안겨 깨어 보자

또한 십이월령(十二月令) 마지막 부분에는 '농사를 중히 여겨 일 년의 풍년과 흉년을 예측하지 못한다 해도 사람이 힘을 쏟으면 자연의 재앙은 면하노니, 제각기 게을리 굴지 말고 권면(勸勉)하게 농사일에 힘쓰라'는 다산의 가르침이 녹아 내려 있다.

십이월은 계동이라 소한 대한 절기로다

　(중략)

아무리 살년(殺年, 흉년)이라도 굶어 죽지 아니하니

제 시골 제 지키어 소동(騷動)할 뜻 두지 마소

하늘은 너그러워 노하심도 일시로다

자네도 앞을 잘 헤아려 십 년을 내다보면

열에 일곱 번은 풍년이요 세 번은 흉년이라

천만 가지 생각 말고 농업에 전심하소

하소정 빈풍시를 성인이 지었으니

이 뜻을 본받아서 중요한 부분만 대강을 기록하니

이 글을 자세히 보아 힘쓰기를 바라노라

노을 빛 명주천에 담아 보낸 사랑

다산은 쉰세 살(1812) 되는 해에 외동딸을 시집보낸다. 사위는 다산의 절친한 친구 윤서유(尹書有)의 아들이자 제자인 윤창모(尹昌模)다. 귀양살이 중에 외동딸을 시집보내는 미안함과 애틋함에 다산은 사랑스런 딸을 위한 정성스런 선물을 준비한다.

아내가 시집올 때 입었던 빛바랜 노을 빛 비단치마 위에 새가 노니는 매화나무를 그리고 아버지의 애절한 심정을 시로 적어 딸에게 건넨 매조도다. 시집가는 딸에게 아버지로서 책임을 다하지 못한 미안함과 그리움과 안타까움을 그림 속에 담아 보낸 듯하다. 이 그림과 한시가 전해 주는 아름다운 감동은 가족을 소중하게 생각하고 아끼고 사랑할 줄 아는 아버지의 마음 따뜻한 사랑이 담겨 있기 때문에 백 마디 말보다 애틋함이 더 묻어난다.

翩翩飛鳥 息我庭梅　　편편비조 식아정매

有烈其芳 惠然其來　　유열기방 혜연기래

爰止爰棲 樂爾家室　　완지완서 낙이가실

華之既榮 有蕡其實　　화지기영 유분기실

余謫居　　　　　　　여적거

康津之越數年 洪夫人寄敝裙六幅　강진지월수년 홍부인기폐군 육폭

歲久洪渝紅 剪之爲四帖 以遺二子　세구홍투홍 전지위사첩 이유이자

用其餘 爲小障 以遺女兒　용기여 위소장 이유여아

훨훨 날던 새가 집 앞뜰 매화가지에 날아와 앉았네

진한 매화꽃 향기에 취하여 빛나는 날개 접었구나

이리저리 정겹게 노닐고 깃들여 둥지 틀고 즐겁게 살려무나

이미 꽃도 만발하였으니 열매 또한 풍성하겠구나

내가 강진에서 귀양살이(謫居)한 지 수년 되었을 때

부인 홍씨가 해진 다홍치마 여섯 폭을 부쳐 왔는데

세월 따라 붉은 빛도 바랬기에 가위로 잘라 네 첩으로 만들어

두 아들에게 물려주고 그 나머지로 작은 족자를 만들어

딸에게 보내노라

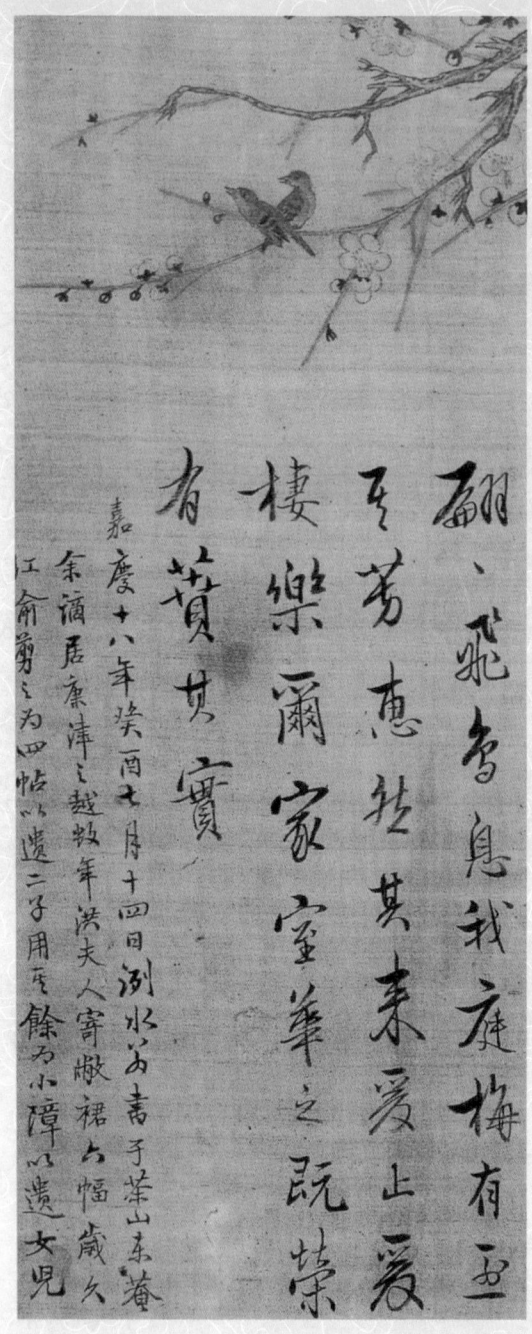

:: 매조도(梅鳥圖). 19×45cm. 1818년. 수묵담채. 고려대학교 박물관 소장. 부인이 시집올 때 입고 온 빛바랜 다홍치마를 잘라 매화나무와 한 쌍의 새를 그리고, 아버지의 심정을 담은 글을 적어 작은 족자로 만든 다음 외동딸에게 보내었다.

사랑스런 아가야.

네가 보고 싶지만 볼 수 없는 내 처지가 안타깝구나. 날 원망해도 좋지만 내 마음을 이야기하지 않을 수 없구나. 화창한 봄날이라 문만 열면 늘 보던 매화지만 오늘은 한 쌍의 새가 그 가지 위로 날아와 앉아 있구나.

추운 겨울을 보내고서야 봄에 비로소 꽃망울이 터지는 저 매화나무 한 가지에 함께 다정히 앉아 있는 새를 보니 우리 부녀 다시 만나는 날을 꿈꿔도 좋을 듯하다.

매화나무에 꽃이 피면 그 향기가 천 리를 가고 매화 열매는 달기가 비길 데 없단다. 이곳도 살만 하니 나랑 같이 살아도 좋겠지만 훗날 고향에서 온 가족 함께 모여 다디단 매실 맛보며 이야기꽃을 피우자꾸나.

다산이 딸에게 그림이 있는 편지를 전해 주면서 정말 하고 싶었던 이야기는 아마 이런 것이었을 것이다. 어머니가 시집올 때 입었던 옷을 의미하기 위해 어미를 상징하는 모(母)자가 있는 매화나무를 그렸을 것이며 어머니의 바다에 꽃피운 매화나무로 날아든 한 쌍의 새로 하여금 다산의 묵시적(黙示的) 마음을 표현한 것으로 보인다.

그리고 그 가족이라는 정원에서 딸아이와 함께 지냈으면 하는 애틋한 마음으로 4언 율시를 짓지 않았을까! 다정히 앉아 있는 한 쌍의 새를 통해 총애하던 딸과 함께 지내고 싶어 하는 아버지의 심정을 그려 냈으며, 그 소망을 마음속에 간직하고 있으면 언젠가는 이루어질 것이라 믿는 아비의 다독거림도 배어 있다. 고개를 돌려 멀리 바라보고 있는 새가 어쩌면 다산인 듯하다.

아! 고향을 그리며 애써 참고 참았던 돌아봄이여!

그리움이 돌이 되는 심정이다. 또한 아버지의 정을 담은 편지를 받은 딸의 심정은 어떠했을까? 이 조그만 시화 족자(아니 서신이 맞을 것이다)가 보여 주는 감동은 바다를 이루고도 남는다.

한 사람의 아내가 되고 자식을 낳아 기르는 어머니가 될 딸을 위해서 정성을 다해 붓을 놀려 새가 노니는 매화나무를 그리고, 애절한 그리움의 편지까지 쓰는 정성을 아끼지 않았던 다산. 자료로 남아 전해지는 답장은 없지만 아마 딸은 이렇게 화답하지 않았을까!

아! 아버지.

어머니가 시집올 때 입으셨던 붉은 옷은 색이 바래 노을 빛으로 바뀌었지만 그 위에서 함께 할 수 있는 우리 집 정원이 생겨 기쁩니다.

부모님이 좋아하시는 매화꽃도 시선을 멈추게 하지만 두 눈 지그시 감고 즐겨 드시던 매실이 금방이라도 열릴 것 같아 날마다 보고 또 봅니다. 모든 생물은 사계(四季)에 맞게 꽃도 피우고 열매도 열리는데 만남의 인연은 왜 이리 더디 오는 걸까요. 길을 잘못 든 것이라면 서신 속의 새처럼 아버님 계신 곳까지 날아가 모셔 오고 싶습니다. 이제 출가를 한 저도 시어른들 공양 잘하고 어진 지어미로 내조 잘하여 아버님의 학문을 내리사랑으로 전하렵니다.

또한 아버님이 뜻하신 대로 형제 간에 우애롭고, 가족 화목하며 집안을 규모 있고 원만하게 이끌어 나가겠습니다.

아버님! 뵙고 싶습니다.

딸은 어머니의 빛바랜 치마 위에 손수 시화를 그려 넣었을 아버지의 편지를 받아 보고 감격과 그리움에 가슴 벅차 울고 또 울지는 않았을까!

꿈에라도 뵈올 아버지의 따뜻한 내리사랑을 느끼고 고이 간직하면서 평생 가슴에 품고 지냈을 것이다.

매조도······ 위대한 학자를 낳다

다산의 일생을 들여다보면 외가(外家)를 논하지 않을 수 없다.
 다산의 어머니는 해남 윤씨이다. 해남 윤씨 집안 중 어초은(漁樵隱) 윤효정(尹孝貞)은 자신의 호(號)처럼 산속 깊이 숨어서 나무나 하고 고기를 잡으며 세상과 멀리 떨어져 어진 사람으로 살고자 다짐을 하지만, 본인의 뜻과는 달리 처갓집의 엄청난 재산 상속으로 인해 갑자기 갑부가 된다. 그러자 그는 어려운 사람들을 위하여 아낌없이 곳간을 열고 은혜를 베푼다. 그 선덕(先德)이 후손에까지 전해진 것일까? 이후 집안에서 고산 윤선도(尹善道)와 공제 윤두서(尹斗緖)같은 걸출한 인물이 배출되었으며 공제 윤두서의 손녀가 바로 다산의 어머니이다.
 다산은 유배지에서 외가의 아낌없는 도움으로 불편 없이 학문으로 대성할 수 있었다. 외가에서 받은 도움 중에 가장 큰 것은 학

∷ 다산초당 전경.

문 연구에 틀이 되는 수많은 장서(長書) 제공과 저술 활동, 후학(後學)에 전념할 수 있도록 지어 준 다산초당(茶山草堂)을 들 수 있다. 사람이 가장 큰 재산이며 미래인 것을 그들은 이미 알고 있었던 것이다.

다산에게는 다산의 힘들고 어려운 상황을 괘념치 않고 절개를 지켜 함께 학문을 토론하고 저술을 도와 준 제자 18명이 있었다. 그 가운데 열 사람은 강진 윤씨와 해남 윤씨 외가 사람들이었다. 다산의 제자들은 다산이 귀양에서 풀려나 고향으로 돌아간 뒤에도 스승의 학문을 계승하고 초당에서 즐기던 차를 정성껏 마련하여 해마다 스승님께 보내 드렸다. 사람과 사람, 스승과 제자 간에 그들이 보여 준 존경과 의리가 더없이 빛나 보인다. 맑고 투명한

:: 다산 초당의 현판. 추사 김정희의 친필을 집자해서 본을 뜬 후 판목(板木)에 새긴 것이다.

찻물이 우러나는 듯하다.

해남 외가에서 수많은 책과 함께 지어 준 초당. 다산이 학문에 집중할 수 있는 기틀을 마련해 준 곳이다. 사람이 큰 재산이며 희망임을 알고 있었던 그들이 부럽다.

다산은 초당에서 귀양살이하는 동안 자기를 수양하는 수기(修己)의 학문으로 육경(六經)과 사서(四書)에 대한 방대한 연구를 완성하였고, 치인(治人)을 목적으로 일표이서(一表二書-경세유표·목민심서·흠흠신서)를 저술하였다. 이렇게 많은 책을 저술하고 학문적 깊이를 더할 수 있었던 것은 든든한 버팀목이자 후원자였던 외가의 덕분이라 하여도 지나친 말은 아닐 것이다. 다산과 외가 사이에 흐르는 강물이 유유자적(悠悠自適)하다.

그러나 이런 방대한 저술과 개혁안에도 불구하고 그 시대 노론의 정치적 독점과 차별로 인해 한 명의 백성도 구할 수 없음을 안 다산은 "알아주는 사람은 적고 잘못을 나무라는 사람만 많다면 하늘이 허락해 주지 않는 것으로 여겨 불속에 처넣어 태워 버려도 괜찮다"고 통탄하였다고 한다. 이러한 시대적 역경 속에서도 다산에게는 평생을 함께해도 아깝지 않은 지우(知友)가 있었는데 그의 이름은 윤서유다.

　다산의 아버지와 윤서유의 아버지는 절친한 친구 사이였고, 그 아들들 또한 평생(平生) 지기(知己)가 되어 다산의 귀양살이 내내 물심양면으로 도움을 아끼지 않았으며, 후에 두 집안은 사돈이 된다. 그들 또한 집안 내력처럼 은혜를 베풀 줄 아는 이름난 부자이면서도 덕이 난 사람들이었다.

　윤서유의 아들인 윤창모는 다산에게 글을 배워 진사(進士) 벼슬에 오르고 인연에 순응하듯 다산의 사위로 맺어졌는데 그 사위의 아들, 즉 다산의 외손자가 방산(舫山) 윤정기(尹廷琦, 1814~1879)이다.

　자신의 어머니가 시간 날 때마다 친정아버지 다산이 유배지에서 보내 준 매조도(梅鳥圖)를 소중히 다루고 품는 것을 보며 자란 어린 손자는 어떤 생각을 하였을까? 딸에 대한 각별한 사랑을 표현한 다산의 매조도는 후일 위대한 학자의 탄생을 예고한 포석이자 시대를 넘어 외손자의 학문을 대성시키는 매개체 역할을 한다.

　다산의 외손자 윤정기는 어려서는 할아버지(書有)에게서 학문을 익히고 장성하여서는 외할아버지(茶山)의 무릎 아래서 글을 배운다. 다산의 학문적 영향으로 경사(經史)에 밝고 문장에 능하며 유명한 송나라의 서예가 미불의 체를 터득하여 글씨로도 유명하다. 그의 작품은 명필을 열거한 명월집에 등재되어 있다. 연경(燕京) 학자 주당(周棠)이 그의 시를 읽고는 "백홍(白虹)의 기상이 있다"고 극찬하면서 방산(舫山)이라는 호를 지어 보냈을 정도였다. 그러나 다산의 영향이었을까? 주위 많은 사람의 권유에도 불구하고 벼슬길에 나아가지 않고 학문에만 정진한 그는 외할아버지에 이어 진정한 학자의 길을 걸었다.

우연일까? 세대 간의 숙명일까?

다산 정약용은 윤두서(尹斗緖)의 외손자요, 방산 윤정기는 다산의 외손자이다.

정(丁)씨와 윤(尹)씨의 몇 대에 걸친 두 집안의 인연은 질기고도 끈끈한 사람 냄새가 물씬 묻어난다. 집안과 집안의 대를 이어 가는 우정과 신의의 만남…… 이보다 아름다운 연이 또 있을까?

#1. 십곡병(十曲屛, 국화와 머루 그림)

聯與秋風戰一場　　연여추풍전일장
龍含寶珠渡河來　　용함보주도하래
가을바람과 한바탕 전쟁을 치루는 사이
용이 보배 구슬 입에 물고 황하를 건너왔네

괴석 위에 피어난 국화 두 송이를 본다.

바위틈을 비집고 올라선 국화 송이는 외조부(다산)의 인생 역경을 표현한 것이고 바위 밑에 핀 국화는 새로운 시대를 열어 갈

∷ 방산 윤정기가 그린 십곡병(十曲屏). 출처 : 다산 정약용 선생 유물특별전-교유(交遊), 강진군.

방산을 의미한 것은 아닐까?

    결국 용은 다산을 의미하고 그 용이 여의주를 물고 후세 만만세(萬萬歲) 회자되고 존경받게 되는 시대적 흐름을 표현한 것이 아닐까?

    그림을 보면 좌(左)에서 우(右)로 부는 바람이 편안하다. 매조도에서 풍기는 기운이 십곡병으로 흐르고 십곡병에 흐르는 기운이 매조도의 기운을 부른다.

    아! 다산과 방산의 교감(交感)이여!

#2. 예서팔곡병(隷書八曲屛)

滿塢白雲耕不盡   만오백운경부진

半潭明月釣無痕   반담명월조무흔

둔덕에 흰 구름은 갈아 내도 끝이 없고

못 속에 잠긴 달은 낚아도 낚이지 않네

山寒泉過平時量   산한천과평시량

悤黑書虧半日工   총흑서휴반일공

산에 추위가 찾아와도 솟는 샘물은 평소와 다를 바 없지만

조급한 마음으로 붓을 들면 문장가라도 반나절 버티기 어렵다네

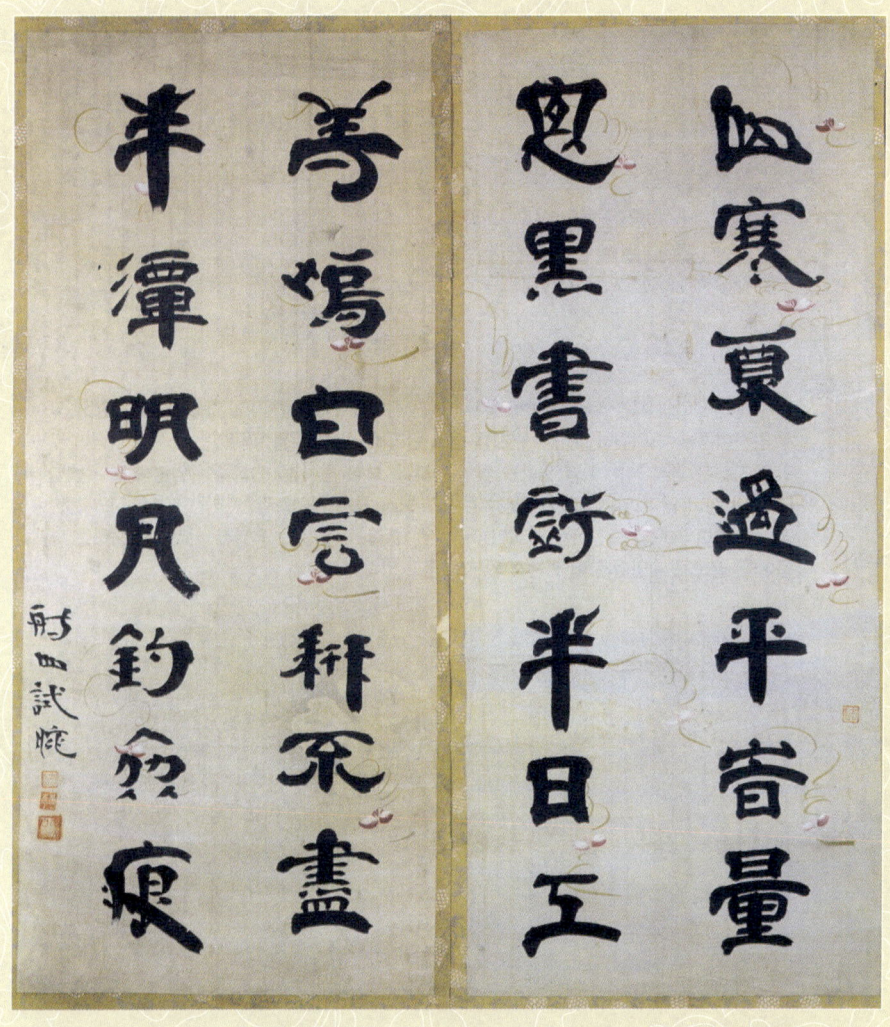

:: 송(宋)나라 관사복(管師復)은 스스로 호를 와운선생(臥雲先生)이라고 붙이고 전원에 묻혀 살았는데, 어느 날 인종이 그를 불러 "경(卿)이 전원에 살며 얻은 것이 무엇인가?" 하고 물으니, 그가 이 시를 지어 답한 것을 방산이 예서로 쓴 칠언시구다.
출처 : 다산 정약용 선생 유물특별전-교유(交遊), 강진군.

:: 방산 윤정기의 서간. 78×24cm. 출처 : 다산 정약용 선생 유물특별전-교유(交遊), 강진군.
무더운 여름날, 그리워하던 차에 편지를 받고 반가웠으나 설사를 앓았다는 소식에 걱정이 많았고 자신은 염려 덕분에 잘 있다는 안부 편지다. 보내 준 시를 반복하여 암송해 보니 송별(送別)의 정이 담겨 있다. 또한 옛것을 돌이켜 보게 하는 자연스러움이 묻어나며, 시의 전반적인 흐름이 세속의 습관화된 격식이 아니어서 흠잡을 데 없는 특별한 시라고 칭송하는 내용이다. 끝으로 지인들은 잘 있는지 안부를 묻고 있다.

이별은 짧다네, 친구여!

외동딸의 시아버지이자 다산의 평생 친구이며 정언(正言) 벼슬을 했던 윤서유의 죽음을 애도(哀悼)하는 만사(尹正言挽詞)

― 윤서유는 늦은 나이인 53세(1816) 가을에 과거에 급제하였다. 이때 다산의 나이는 두 살 많은 55살이었다.

丹旒悠揚寫正言 秋風衰草赴高原　단조유양사정언 추풍쇠초부고원
龍穴嬉春事隔晨 絡蹄如玉鱠如銀　용혈희춘사격신 락제여옥회여은
誰生誰死休分別 已作當分一隊人　수생수사휴분별 이작당분일대인
茶山簫鼓鬧芬華 頭揷雙條御賜花　다산소고료분화 두삽쌍조어사화
演戱場邊數株柳 別時已復集昏鴉　연희장변수주류 별시이복집혼아

내 슬픈 마음을 아는지 '정언(正言)'이라 쓴 명정 붉게 펄럭이고
가을바람이 마른 풀의 키를 낮추며 언덕을 넘고 있구나
따스한 봄날 용혈(龍穴, 강진의 명승지)에서 생선회를 안주 삼아
노닐었던 기억이 바로 엊그제 같은데 그대는 이제 곁에 없구나
지금 누가 죽었고 누가 살아 있는지 굳이 구분하지 말자
이미 우리는 함께하지 않았는가?
자네가 벼슬길에 올라 머리에 어사화 꽂고 말 타고 금의환향할 때
다산에는 온통 통소와 북소리로 드높지 않았던가?
그 당시 연회를 베풀었던 마을 주변 버드나무 가지에
긴 이별을 예감한 듯 황혼 까마귀들(昏鴉) 날아들었지
서글프고 애잔하다네

다산은 외동딸의 시아버지이자 절친한 친구가 유명(幽明)을 달리하자 애도하는 마음을 시로 표현하였다. 속마음 다 드러내고 한 잔 술로 입술을 적시며 뜻을 함께했던 지난 나들이에서의 추억과 '자네가 벼슬길에 올라 머리에 어사화 꽂고 말 타고 금의환향할 적에 내 얼마나 기뻐했었는지 아는가?'라고 표현한 친구가 과거에 급제하고 돌아왔을 때의 경사스럽고 자랑스럽던 기억, 그 많은 기억 속에서 친구보다 더 살아 있는 게 미안해 '누가 살아 있는지 누가 죽었는지 따지지 않아도 우리는 늘 그렇듯이 앞으로도 함께한다'고 이르는 다산의 표현은 두 사람의 우정이 얼마나 진솔하

고 속 깊은지 알 수 있게 한다. 이백 년 넘게 군불을 쬐고 있었던 것처럼 마음이 따뜻하다.

끝없는 사랑
아버지의 이름으로

낯설고 한(恨) 많은 세상…… 문 열어 살아가다 보니
내 속은 이미 곤죽이 되어 버렸는데 네 속이야 오죽하겠느냐?
마음의 굴레야 뭐 있겠느냐마는 그 꺼풀마저 털고
오늘은 이 한 잔 술로 노래도 하고 쉬어 가자꾸나!

不計工拙(불계공졸)
"잘되고 못 되고를 굳이 따지지 않는다."
얼마나 자기 자신에 충실한가?
인간적인 것이 행복한 삶이라는 메시지가
담겨 있다.

네가 있어서 참으로 고맙다

그러니까 네가 태어나기 서너 달 전이었지. 청천벽력 같은 예견의 말을 전해 준 것은 오랜 세월 동안 가족의 평안을 기원하기 위해 불공을 드려 오던 청풍사의 큰스님이었지. 우리 집은 손이 귀한 가문이지만 기도를 열심히 한 공덕이었는지 아내는 어렵게 아이를 잉태하게 되었고 집안에서는 그 아이가 사내아이이기를 간절히 바랐단다. 그 기대 때문이었는지 아내는 사찰을 찾는 일이 더 잦아졌고, 어느 날 기도 드리는 아내의 모습을 물끄러미 바라보던 내게 큰 스님은 혼잣말인 듯 나지막이 탄식하며 관세음보살을 읊조리고 있었지. 평소 밝은 미소로 인사를 건네받던 큰스님이었기에 그 탄식 섞인 소리가 예사롭지 않았단다. 나는 한걸음에 달려가 큰스님의 소맷자락을 잡고 무슨 일이냐며 매달렸지. 불공을 마치고 법당 뜰을 내려오던 아내와 나를 번갈아 바라보시던 큰

스님은 나지막한 음성으로 우리를 선방에 청하셨단다.

그리고 여러 달 후 네가 태어났지. 그러나 큰스님이 일러 주셨던 인간의 운명은 피할 수 없는 것이었을까!

"아들을 낳으면 무탈하지만 딸을 낳으면 산모나 아이 중 하나를 잃을 수밖에 없는데 그 연유는 한 집안에 여자를 둘 거둘 수 없는 사주를 타고 난 아비의 운명 때문이다."

그 말이 사실이었는지 아내는 그렇게 세상을 떠났다.

딸이 태어난 지 얼마 되지 않아 아내가 세상을 떠났고, 엄마의 사랑 한 번 제대로 받아 보지 못하고 자란 딸에 대한 미안함을 어찌 설명할 수 있었을까? 어미 없이 외동딸을 홀로 키워 냈던 친정 아버지의 근심과 회환이 묻어나는 것 같다. 아버지의 마음이 고스란히 녹아 있는 서한들을 하나씩 풀어 가며 읽다 보면 어디선가 독백이 들리는 듯하다.

이 어지럽고 혼란한 세상, 내 한평생 버틸 수 있었던 건 너에 대한 정(情) 하나 때문이었다. 오직 네가 있어 너에게 집중할 수 있었고 모든 역경이나 고통으로부터 벗어날 수 있었다. 너는 내게 너무나 많은 것을 선물했지. 네가 명석한 지혜와 갖은 재주로 재롱을 피울 때마다 우리 집은 웃음소리 그칠 날 없었지. 그야말로 웃음꽃 가득한 집이었다. 그렇지만 어미 없이 자라던 어린 네가 홍진(紅疹)을 앓았을 때는 혹시나 잘못되지는 않을까 노심초사하던 내 심정을 말로 다 표현할 수 없구나. 애타는 마음은 빠른 속도로 타들어 갔지. 다행히 너는 무사히 병을 떨치고 일어났고 또 주위의 부러움을 사는 규수로 곱게 자라 주었지. 혼기가 차 이공(李公) 댁으로 시집가는 날 이 아버지는 아무 소리 들리지 않는 허허벌판에 서서 홀로 찻물을 우려내듯 담담하였다. 양반 댁 며느리로 인정받고, 사랑받는 아내로, 존경받는 어머니로 잘 살아 주기를 기도했었다. 그런데 이후에 들려오는 네 병고 소식에 마음을 잡지 못하고 눈물과 한숨으로 지새웠던 무수한 밤들이 생각난다. 그때 나는 중심을 잃고 굴러가는 돌멩이나 다름없었다.

 그러나 돌이켜 보면 나는 너로 인해 실컷 웃어도 보았고 사람으로 태어나 할 수 있는 모든 희로애락(喜怒哀樂)의 감정들을 원 없이 경험할 수 있었다. 기쁘면 기쁜 대로, 고독하면 고독한 대로, 슬프면 슬픈 대로, 즐거우면 즐거운 대로, 다 제 멋과 여운이 소중히 남아 있더구나.

 애야! 이 아비를 사람같이 살 수 있게 해 주어 참으로 고맙다.

걱정을 내려놓으려 해도……

　서한이 쓰인 1910년대부터 20년까지는 국가적으로 불운이 겹치고 자유가 억제되었던 일제 강점기였으며, 옳으니 그르니 하는 시비(是非)와 선악(善惡)조차 구분하기 힘든 어둡고 어지러운 암울한 시대였다. 그 당시 글깨나 쓴다는 사람으로 문화와 가치관을 강요당하면서 체면과 자존심을 지키고 구차하지 않게 살기란 어려웠을 것이다. 더구나 시집간 딸의 과오(過誤)는 다 친정의 잘못이고 남에게 알리고 싶지 않은 부끄러운 부분으로 치부되는 양반의 때가 남아 있는 남성 우월주의 사상이 지배하던 시기였다.

　이 서한들은 전라북도 임실 지역을 중심으로 성암(誠菴) 이공(李公) 일가에서 귀하게 보관해 오던 서한으로 서예가 석전(石田) 황욱(黃旭) 선생과 그 아들 황병근(黃炳根)선생이 수집해 국립전주박물관에 기증함으로써 세상의 빛을 보게 된 것들이다. 그 내용들을 면면이 읽어 보면 당시 시대 상황으로는 흔하지 않은 내용들인데, 딸을 출가시킨 친정아버지가 사돈댁 어른에게 보낸 서한들로 행여 시집간 딸이 시댁에서 눈 밖에 날까 걱정하면서 선비다운 자세로서 예를 갖추고 도리를 다하며 정(情)으로 써 내려간 글들이다.

편지 1-딸아이의 병고를 듣고……

사돈 어르신께.

베푸신 은혜가 넓고도 깊어 찾아뵙고 감사의 말을 드려야 하지만 갈 길이 멀기만 합니다. 지난번 보내 주신 서한에서도 깊은 정이 절절히 이어져 몸 둘 바 모르겠습니다. 비단처럼 귀한 옥체를 부디 살피시길 바랍니다. 어진 마음으로 고르게 감싸 이끌고 심중까지 우러나게 만드는 성의는 저와 뜻을 같이하기에 어찌 보면 두 집안을 하나로 이어주는 결실을 보는 듯 상쾌하기까지 합니다.

그런데 부모로서 늘 딸아이가 근심입니다. 그 아이가 병환으로 몸져누웠다는 소식에 쾌유를 빌고 또 빌었는데 이번 차에 다른 곳으로 옮겨 가게 되었다는 언질을 받았습니다. 딸아이는 어릴 때부터 홍진을 앓아 약한 몸이었는데 행여 허약함 말고 크게 업신여길 만한 또 다른 연유라도 있는 것인지요. 병이 빨리 낫기를 바라고 있으나 정도에 맞지 않게 불안감만 커지고 있습니다. 여름날 보내 주신 서한에서는 가벼운 증세라 다행히 일찍이 멈추었다고 하였으나, 이번 서한에서는 "홍진(紅疹)의 후유증 같다"는 의원의 말에 사돈께서 "아무래도 잘못된 진단 같다"는 말씀을 주셔서 이곳 일이 정리되는 대로 의원을 보내 다시금 진단을 받게 할 요량이었으나 아직까지 사람을 들이지 못하고 있습니다. 이곳도 오래전부터 둘째 형과 형수의 환고(患苦)로 원망과 한탄에 싸여 정신이 없고 경황이 없습니다. 근간에 형의 병환이 줄어들긴 했으나 형수께서는 봄에 그만 병을 얻어 졸지에 돌아가셨습니다.

이런 상황에서 딸아이의 병고를 듣고 근심이 더해집니다. 아무리 마음을 다잡고 걱정을 내려놓으려 해도 부모 된 마음에 어쩔 수 없는 괴로움과 어리석음만 반복하고 있습니다. 다행스럽게도 사돈댁에서 먼저 다른 권속들 집안에서 이런 사정을 보고 듣고 말로 옮기지 못하게 주의하고 경계해 주시니, 참으로 성실하고 신의가 있는 사대부 집안과 연을 맺고 있다는 생각만으로도 가슴이 뿌듯합니다.

절기가 끝나고 한번 뵐 수 있겠는지요. 그동안 마음을 정결히 하고 기다리겠사오니 날을 잡아 주시면 좋겠습니다. 아울러 돌아보니 경황이 없어 미처 선물을 준비하지 못함에 얼굴이 붉어집니다.

− 1917~1919년 추정 8월 11일.

阻餘
惠幅可敵萬討而遠路
崇便尤荷情注承審
省棣體度錦護萬重
仁庇勻迪仰慰有實愜素
祝而媳阿所苦何如是支離
耶以渠蔑學軟質久貽
者之憂旋爲之不安渠於幼稚
時曾經疹崇而夏間郵便
惠書有醫云紅疹餘崇誤指
之言故旋卽仰夏矣今承未
得入
覽尤爲悵歎弟姑是昔
狀而仲兄主患節雖云少減叔兄
嫂氏自春間偶然扶病累至危
境尙未得釋慮是庸悶然而惟
幸他眷之無見警耳允郞
節後面期預爲拭靑而定使言歸
反覺皸顔餘不備謹謝上
　陰八月十一日弟
　　　金智洙拜謝

:: 편지 1, 김지수가 사돈댁에 보낸 서찰.
어려서 홍진을 앓아 몸이 약한 딸을 시집보내고 꽃다운 인생을 바라보기를 소망하였으나 병고 소식에 마음 졸이고 있는 아버지의 심정이 그대로 녹아내린 편지다. 보는 이의 가슴을 아릿하게 누른다.
출처 : 전주국립박물관 발행 간찰집 4권 중.

딸이 시댁에서 병환으로 치료받고 있자 걱정하며 갖출 수 있는 예를 다해 문안드리고 딸의 건강을 조심스럽게 여쭙고 있는 서한이다. 딸이 몸이 아파 남편의 지어미로 집안에서 사랑받는 며느리로 자리 잡아야 할 시기에 구실을 하지 못하자 되자, 딸이 시댁 어른들을 대하며 느낄 죄송스러움을 대신하여 친정아버지가 적절한 시기에 마음의 편지를 보내 딸의 앞가림도 대신 해 주고 묵묵히 바람막이가 되어 준다. 모든 세파부터 뒷바라지까지 아버지의 몫이 된다. 아버지란 존재는 묵묵히 사랑과 관심으로 가족을 위해 희생하기 때문에 어떤 이는 비바람을 피할 수 있는 '집'과 같은 존재로 표현한다. 가족을 책임지는 가장으로 삶의 무게를 짊어지고, 인생에 대한 외로움과 고독감을 인내하며 살아가는 아버지. 자식들이 볼세라 돌아서서 흘리는 눈물의 의미를 알기에 아버지란 돌아가신 후에야 더 보고 싶어진다고 한다.

편지 2-딸아이의 병을 숨기고 혼사를 진행시킨 것이……

　　질병으로 인해 친정에 온 딸아이가 요즘에는 거의 약을 쓰지 않아도 될 정도로 병고가 스스로 사그라지고 있어 다행입니다. 지금은 신기할 정도로 건강을 많이 회복해 가족들을 안심시키고 있습니다. 오랜 기간 딸아이의 병환으로 사돈댁에 걱정을 끼쳐 드렸습니다. 그동안 애태우고 있었을 사위로 하여금 더위가 오기 전에 와서 데려갈 수 있도록 조처해 주시길 바랍니다.

　　혹시 "딸아이의 병을 숨기고 혼사를 진행시킨 게 아니냐"는 사돈어른의 의문과 오해가 있지 않을까 해서 몇 자 올립니다. 딸아이가 어릴 때 홍진을 앓은 적이 있고 몸이 마른 것은 사실이나, 집안 어른들의 귀여움을 독차지할 정도로 애교와 재주가 많은 아이였습니다. 그런데 결혼하여 가정을 이루고 나서 뒤늦게 홍진 후유증이 나타날 줄이야 누가 짐작이나 했겠습니까? 결코 사돈댁을 기만했거나 속이려 했던 마음은 추호도 없었습니다만 왠지 죄스러움에 마음은 지나칠 정도로 조용하고 쓸쓸합니다.

　　　　　　　　　　　　　　　　　　　　- 1919년 4월 23일.

　　친정에 와 요양하고 있는 딸이 다행히 치료되는 기미를 보여 안심을 하고 있으나 혹시 사돈께서 "병을 숨기고 결혼시킨 게 아닐까?" 하는 오해가 있을 수도 있겠다 싶어 친히 변명 아닌 해명을

客月初獲拜二月晦間
惠書卽旋修謝於洛城矣費數十日
而以受信人不明被郵夫還傳故意或其間
搬歸而欲修書於舟川亦未知面里名之依前與
否因循至今再昨日忽得今月八日望日發雨度書
感喜且豁頓釋樂仰賀無斁而允郞經苦
省棣體連護湛仰賀無斁仰賀瀍山之餘
迫爲之驚聽然已屬過境而壯年蘇完比諸餘
人倍有易焉以是仰禱弟姑依昔㝷而今月望間
往大宅任女婚於光州雙柳李氏家嬌客凡百亦
與人例甚是私幸大小眷亦無現警而媳兒自
歸家後諸般所苦自底勿藥至今充健見甚奇
幸新年來恒思允郞之一顧如是寂然心甚未護
矣渠若蘇完則未暑前幸賜率柱如何如何
切仰切仰切仰 戒收單字書塡於兄之所送夾紙以呈
諒下仰仰餘都縮不備謝上
己未四月二十三日弟
金智洙拜謝

::편지 2, 김지수가 사돈댁에 보낸 서찰.
시집간 딸을 위하는 아버지의 자상한 마음을 붓끝으로 담아냈다. 시집간 딸로 인해 기뻐하기보다는 몸이 아픈 딸의 건강 회복이 우선이고 행여 시댁에서 오해할 수도 있는 상황을 미리 알아 챙겨 입장을 정리해 나가는 친정아버지의 노고가 예나 이제나 다름없다.
출처 : 전주국립박물관 발행 간찰집 4권 중.

하고 있다.

　세간(世間)의 문제는 대부분 말하고 침묵하는 때를 가리지 못하기 때문에 일어난다. 말을 많이 하게 되면 경박해 보이고 실수를 할 염려가 많아 "혀끝을 조심하라"고 말한다. 그렇다고 침묵만 하게 되면 일이 더 커진 다음 뒷북을 치거나 해명을 해야 하는 경우가 생긴다. 마땅히 말해야 할 때와 침묵할 때를 가릴 줄 알아야 군자라 한다.

　친정아버지는 괜한 오해는 양쪽 집안의 믿음까지 깰 수 있는 불씨가 될 수 있고 그 불똥은 결국 딸에게 돌아가 힘든 시집살이가 될 수 있음을 익히 알고 있다. 이에 때를 가려 침묵하지 않고 아버지라는 양심으로 말해 주고 있으니 어느 누가 믿지 않으랴! 친정아버지의 사려 깊은 생각은 어디서 비롯된 걸까?

편지 3 - 손자에 대해 기대하는 마음을 가지셔도 좋을 듯……

바람까지 매서운 추운 겨울입니다.

사돈께서 주신 편지를 대할 때마다 아주 고요하게 부는 바람 소리가 배어나옵니다. 그 소리에 가만히 귀 기울이면 바삐 살면서 쉬이 잊게 되는 성현의 말씀을 듣는 듯합니다. 일전에 주신 편지에 대한 답장을 우편으로 전해 드렸는데 잘 받으셨는지요?

요즈음은 품고 있는 여러 가지 생각 때문에 일이 여의하기도 하고 여의치 않기도 합니다. 일이 그러할 때는 마음을 즐겁게 가지다가도 일이 그렇지 않을 때는 뜻과 같이 되지 아니함을 원망하면서 하루하루를 보내고 있습니다. 한번 원망하고 한탄하게 되면 나중에 더 많은 위로나 위안이 뒤따라야 한다는 것을 알고 있기에 기를 보충하고 정신을 가다듬으면서 경계를 늦추고 있지는 않는지 스스로 반문도 해 봅니다.

저희 형께서는 늘 "형제의 우애(友愛)는 맑은 물이 깊어 푸른 모양처럼 두터워야 한다", "마음을 너그럽게 가지고 인자하게 사는 것(仁)이 평소에 행하여야 할 덕(德)이다. 어질게 살아가야 한다"고 말씀하십니다. 서 있는 팽이의 경우 언뜻 보기에 정지한 듯 보이지만 가만히 보면 빠른 속도로 돌아가는 것처럼 정중동(靜中動)의 개념을 이해하고 실천하는 것이 최상의 원리인 만큼 이러한 뜻이 자손들에게 이어지기를 바라고 계신 듯합니다.

딸아이의 분만(分娩)일이 가까워 오면서 마음이 초조하기 이를 데 없고 성심껏 기도를 드리고 있으나 쉬이 마음을 놓지 못하고 있습니다. 뜻이 크고 기개 있는 아들이든 집안의 꽃이 될 딸이든 상관없이 순산하기만 하면 더 이상 아무것도 바랄 것이 없겠습니다. 아들이면 집안의 경사(弄璋之慶)요 딸이면 집안의 기쁨(弄瓦之喜) 아니겠습니까? 집안에 경사스런 날이 얼마 남지 않은 듯 싶으니 사돈어른께서도 슬슬 기대하는 마음을 가지셔도 좋을 듯합니다. 정갈한 마음 한 곳에 있고 그 한 가지 일을 위해 정성껏 빌고 또 빌고 있으니 모든 일이 편안하고 순리대로 이루어질 것입니다. 너무 걱정하지 않으셨으면 합니다.

새해가 오면 미쁘기 그지없는 사위를 한번 보내 주시길 바라고 기다리겠습니다. 도리를 갖추지 못한 서한입니다. 너그러이 헤아려 주시기 바랍니다.

-1922년 12월 15일.

딸이 시집간 지 사오 년 만에 아이를 잉태하였다. 그동안 아이에 대한 소식이 없어 애를 태우던 친정아버지는 기뻐한다. 아이 분만일이 한겨울이라 이만저만 걱정이 아니다. 친정 엄마는 없지만 그래도 집에 와 있으니 마음이 놓인다.

어려서부터 몸이 약한 딸이 순산하기만을 마음속으로 얼마나 빌었을 것인가. 그런 와중에도 사돈댁에 서한을 띄워 아들이든 딸

冬來所惠書尚蕭案珍
其間自此付郵謝書亦未知
入覽與否也一慰一悵積漸日
月實是慰難補氣玆謹詢
歲薄
吾兄侍體棣上動靜湛康
仁庇均泰仰庸溱禱遠
忱弟一依宿耳眷亦
無何爲幸耳媳兒認
其娩期當近倘得璋瓦之
間順安無何耶願聞切
切允郞開正日和命之一顧
我爲可爲可餘俟回音不備
欠敬
　壬戌蜡月旬五日金弟智洙拜首

:: 편지 3, 김지수가 사돈댁에 보낸 서찰.
딸의 분만일이 가까워 오자 체면도 내려놓고, 자존심도 내려놓고, 미안함마저 내려놓고 순산하기만을
기원한다. 걱정하는 마음조차 둘 곳 없어 보인다. 아버지의 뜨거운 정과 담백한 마음이 담겨 있다.
출처 : 전주국립박물관 발행 간찰집 4권 중.

이든 어떠냐고 미리 다독거려 놓는 모습과 미덥기 그지없는 사위를 한 번 보내 달라고 딸의 마음을 대신 표현도 한다. 아버지의 마음 씀이 섬세도 하다.

지지헌(止止軒)이란 이규보가 지은 자신의 거처 이름이다. 지지(止止)란 과분(過分)을 두려워하여 그칠 줄을 알며(知止) 멈출 줄 안다는 말이다. 멈추지 않을 곳에서 멈추게 되면 그것은 미숙(未熟)이거나 과분하게 된다. 사람들이 저지르는 과실(過失)들은 모자라거나 지나침에서 오는 것이다. 김지수는 지지(止止)란 의미를 몸소 배우고 실천한 선비다.

시댁에서의 딸의 입장을 십분 이해하고 정도에 어긋나지 않게 멈추고 당기면서 아녀자가 해야 할 부분까지 세세히 챙기면서 친정어머니의 몫까지 대신한다.

편지 4-딸아이의 마음이라도 이끌어 주시면……

지수(智洙) 고개 숙여 절하며 안부 여쭙니다. 간밤에 딸아이가 물에 빠져 허우적거리는 꿈을 꾸고는 잠을 도저히 이룰 수 없어 제발 사랑스런 딸에게 아무런 변고가 없기를 기도하면서 날이 새기만을 초조하게 기다렸습니다. 그런데 딸아이의 병환이 다시 심해졌다는 소식을 받고는 간장이 오므라지듯 하여 견딜 수 없습니다. 가정의 화목은 가족들이 건강해야 지켜지는 것인데 며느리의 병이 사돈댁 집안의 걱정거리와 우환이 되고 있으니 어찌 고개를 들 수 있단 말입니까? 누구나 부모 된 마음이 그러하겠지만 더욱 가슴이 미어지고 죄스러울 뿐입니다. 면목 없게도 여쭙니다. 지금 딸아이의 몸 상태는 어떠한지요? 이곳에서도 딸아이의 병환이 제일 근심거리일 수밖에 없습니다. 어찌해야 좋은지 방도라고 있으면 일러 주시고 감히 부탁드리건대 딸아이의 마음이라도 편히 이끌어 주시면 아니 되겠습니까? 마음 같아서는 한걸음에 달려가고 싶지만 계절이 엄동설한이라 조금이라도 해동(解冬)하는 기미가 보이기라도 하면 곧 시간을 내어 찾아뵙도록 하겠습니다.

-1923년 12월 25일

첫아이 돌이 지났을 것이다. 가장 엄마가 필요한 시기에 딸이 몸이 아파 몸져누웠다는 소식에 간장이 녹아내린다. 사돈댁에 걱

智洙頓首再拜言
先大夫人喪事出於萬千
夢想之外承 計驚怛尚
不能已 不能已伏惟
誠孝根天哀痛罔極何以堪
抑屈諸流駛歲將換矣
孝體棣度不審得無有損
智洙匍匐慰尙後於人苦海勞
而一書替慰仰慰當在䟽卽
碌雖緣勢使自訟辜負何
敢望 恕媳兒病崇昔聞
驚慮近果何如一走往早晚關
心而今焉歲合亦不可遂矣尤增
愧恨而俟開正凍日稍解期
於進拜耳查弟㴤劣姑依
而所率無警是敢爲奉道
已矣餘都閣不備候疏上
 癸亥臘月卄五日查弟
  金智洙拜上

:: 편지 4, 김지수가 사돈댁에 보낸 서찰.
아버지와 딸 사이에 대한 관계의 종속성을 넘지 않고서는 이해와 공감을 가질 수 없다. 세계 많은 종족 사이에도 정도의 차이뿐 자식에 대한 사랑과 희생정신은 같다고 본다. 부정(父情)은 오랜 기간 전부터 그 먼 거리인…… 오늘에 이르고 있는지도 모른다.
출처 : 전주국립박물관 발행 간찰집 4권 중.

정을 끼쳐 죄송하다는 예를 드리고 이곳에서도 딸의 병환에 제일 관심을 기울이고 있고 날만 풀리면 바로 달려가 딸이 어떻게 하고 지내는지를 직접 보겠노라는 서한을 보내 딸의 병 수발이나 약 처방에 소홀히 하지 말라는 무언의 압력을 가하고 있는 친정아버지이다.

이 김지수金智洙를 용서하소서

편지 5-안사돈 상을 슬퍼하노라

예를 살피어 올립니다.

합부인(閤夫人) 상을 당했다는 황망하고 놀라운 기별에 하늘이 무너지는 듯합니다. 꿈 밖의 일로만 알고 있었는데 어찌 하늘도 이리 무심하신지요. 부음(訃音)을 받고는 슬픔에 잠겨 있을 사돈댁 생각에 노심초사(勞心焦思)하며 그 슬픔을 함께 나누고 싶어 자세를 낮추고 머리를 조아려 예를 갖춥니다. 처음의 본성(本性)으로 돌아가고자 경박스런 말과 행동을 삼가고 있습니다. 그 황망함에 놀란 저의 마음은 이미 말을 부려 사돈댁으로 향하고 있으니 사돈께서도 슬픔을 억누르시고 고인의 넋을 위로하시길 바랄 뿐입니다. 그리하면 고인이 되신 안사돈의 왕생극락을 비는 집안 가솔들의 염원대로 좋은 곳으로 가시지 않겠습니까?

　사돈의 평생 배필(伉儷-항려)이신 합부인께서는 언제나 사람이 행하여야 할 옳은 길을 알고 계셨으며 언행이 가볍지 않으시고 온화한 친화력으로 두터운 가문의 예를 몸소 보여 주신 분이었음을 익히 들어 알고 있습니다. 그러하기에 너무나 큰 슬픔으로 탄식하며 뼈를 깎아 내는 고통으로 가슴이 미어집니다. 어찌하는 것이 사람의 도리인가 고민도 하면서 살피고 깨닫지 못한 미약함에 애도(哀悼)하는 마음은 침묵이 용서가 되는 소슬한 가을바람처럼 옹이를 박는 듯합니다. 어떤 위로와 위안의 말도 건네기가 조심스러워 하늘이 내려 준 슬픔만 탓하며 마음만 전합니다.

　사람 노릇 제대로 하지 못하는 이 김지수(金智洙, 친정아버지)를 부디 용서하시기 바랍니다. 당장이라도 말을 부려 한걸음에 달려가 문상을 하고 아픔을 같이 나누고 싶은 마음이 간절하지만 제 몸이 편치 않아 거동이 자유롭지 못하고 자리보전하고 있는 처지인지라 우선 서신으로 대신하는 무례를 범하고 있습니다.

　더군다나 친정에 와 있는 딸아이 역시 천리 길 마다 않고 당장 달려가야 옳은 일이나 다리에 생긴 종기로 앉지도 걷지도 못하는 병환을 앓고 있어 마음만 태우고 있습니다. 아비 된 제 마음도 이리 죄스러운데 사돈댁 며느리로 집안을 지키고 끌어가야 할 딸아이의 속마음이야 이루 말할 수 있겠습니까? 때문에 상중에 행해야 할 모든 예절에 준하여 집에 합부인의 위패(位牌)를 모셔 놓았으며 초상난 뒤

사흘 동안 상복을 입어(成服) 고인의 넋을 위로하고 조석으로 예를 다 갖추었습니다. 삼가 인사드림도 죄스러워 이만 줄입니다.

─ 1925년 11월 14일

딸의 건강이 계속 좋지 않자 친정으로 데려와 요양하던 중 안사돈이 돌아가셨다는 소식을 듣는다. 하지만 어찌하리!

'나라도 우선 문상할 채비를 나서야 하는데 이 몸은 거동조차 하기 힘들고 딸아이조차 발에 종기가 나 걷지도 못하는데……'

그래서 서한에 자신의 이름을 쓴다. 이 김지수(金智洙)를 탓하고 용서해 주시기 바란다고 모든 잘못은 다 본인에게 있고 딸아이 몸이 아픈 것까지 다 자기 책임이니 이 김지수를 욕되게 하라고 속내까지 뒤집어 보이며 용서를 구하고 있다. 아울러 비록 가 보지는 못하지만 상중 예절에 따라 며느리가 시어머님을 모시고 있으니 너무 책망하지 말라고 다만 너무 죄스러울 뿐이라고 글로 적어 보내고 있는 것이다.

자식이 부모를 섬기는 것을 효(孝)라 하고 부모가 자식을 사랑하는 것을 자(慈)라 한다. 이 두 가지 도리는 타고난 성품(天性)에서 나오는 것이며 착하고 올바름을 추구하는 선(善) 중 으뜸이라 할 수 있다. 친정아버지는 시어머니의 상(喪)으로 효(孝)를 다하지 못해 마음고생 하고 있는 딸의 입장을 대변한다. 자칫 비난받을 수도 있는 좋지 못한 상황조차도 이 못난 친정아버지 때문이라고 자신의 이름을 크게 적고 있는 것이다. 딸이 다하지 못하는 효(孝)의 도리를 친정아버지가 딸을 사랑하는 자(慈)로 막아 내고 있는 것이다. 그래서 베푸는 사랑(慈)은 지극히 깊고, 생각하며 분별하는 이치는 지극히 무거우며, 그 정(情)은 지극히 간절하다.

禮書之外夫復何言今月十一日因郵便得承
計音而媳兒卽當奔喪之不暇計日則似經成
服尙且媳兒脚部有核寒粟是似腫症不得
行步不得已自此設位發喪三日而成服矣其就
不敏之悚何敢望恕辣人兄弟猝當大故不至生
差否區區仰祝弟一自昨私遭變以後心身俱虛長
在吟病而遇寒則尤不能出動自憐自憐已耳幸不
有大小家警者堪仰道餘都後人事而只爲通信
略此謹止

省禮言
德門不幸賢閤夫人喪事千萬
夢外承 訃驚怛尤復何言伏惟
伉儀義重悲悼沈痛何可勝任不審
至寒
服體何似惟冀深自 寬抑以慰 慈
念智洙病故所靡末由奔慰以書替
慰亦稽於人彌切悚戀謹奉狀不備謹
狀
乙丑十一月十四日 金智洙狀上

:: 편지 5, 김지수가 사돈댁에 보낸 서찰.
아버지의 이름 석 자(김지수)에는 큰 의미가 담겨 있다. 하늘로 향하는 효(孝)와 땅으로 흐르는 자(慈)가
서로 만나 빛나고 있다. 세상을 냉소적이고 차갑게 살아가는 심장만 찾아 따스한 감동으로 덥혀 주는
하트형 빛이다. 판도라(Pandora)의 상자에 남아 있는 희망의 언어는 아버지일 수도 있겠다는 생각이
든다.
출처 : 전주국립박물관 발행 간찰집 4권 중.

널 떠나보내려니 내 속에 남아 있는 게 없구나

편지 6-발뒤꿈치에 불이라도 붙은 사람처럼……

비가 오래도록 오지 않는 가뭄이 계속되고 있습니다. 그로 인해 혹 불편하시거나 피해는 없으신지 여쭙니다.

얼마 전 처가를 방문하고 간 사위를 통해 멀리 떨어져 궁금해하던 양쪽 집안의 근황을 전해 듣고 또 전할 수 있는 계기가 되면서 이런 저런 이유로 인해 제 구실 못한 부족한 부분까지 메울 수 있었던 듯싶습니다. 이것은 우러러보지 않을 수 없는 선정을 베풀어 주신 사돈어른의 배려 덕분입니다. 아울러 미덥기 이를 데 없는 사위는 세인의 모범이 될 만한 본보기를 잇고 지킬 수 있는 체통을 지니고 있을 뿐 아니라 언행이 흐르는 물처럼 거침이 없어 마음이 든든합니다. 이곳에서는 집안에 경사스런 일들이 일어나기를 소원키 위해 매일 첫 새벽에 길어 온 우물물을 떠 놓고 정성을 들이고 있습니다.

이처럼 늘 하루하루를 감사하며 정화수를 올리는 데는 사돈어른의 힘이 크게 닿고 있습니다. 사돈께서 요행을 바라고 정업(正業)에 힘쓰며 살지는 않는지 스스로 경계해 주시고 겸손하고 배려하는 자세로 손수 실천하심을 보여 주시기에 집안의 크고 작은 일들이 별고(別故) 없이 이루어지고 있기 때문입니다. 이 얼마나 다행스런 일입니까! 하지만 어렵다고 힘들다고 피하고 돌아가기보다는 참고 견디는 감내(堪耐)의 도리를 보여 주고 계시는 사돈께 산후 후유증을 겪고 있는 저의 여식으로 인한 또 다른 근심거리를 안겨 드려 달리 면목이 없습니다.

일전에 일러 주신 대로 여식에게 연달아 십여 첩의 약을 달여 먹였으나 아직까지 차도를 보이지 않고 있습니다. 사위가 이 모습을 직접 보고 갔습니다만 그 이후에도 기력을 찾지 못하고 고통스러워하는 모습을 보려니 안쓰러워 애가 탈 지경입니다. 이렇게 여러 날이 지나도 병의 증세가 악화되기만 하더니 이제는 먹는 음식조차 줄어들고 있어 회복하기 어려운 지경까지 이르지 않을까 하는 걱정이 앞섭니다. 빠른 시일 내에 사위를 한 차례 더 보내시어 우선 상의라도 하게 해 주셨으면 합니다. 또한 이 일로 어르신들께서는 염려하고 생각하고 계신 바와 비책이 있으시다면 하달(下達)까지 해 주십시오.

저는 발뒤꿈치에 불이라도 붙은 사람처럼 좌불안석하고 탄식만 앞서는 생각 짧은 사람처럼 보이기까지 하며 딸아이를 불쌍히 여기고 가련하게 생각하는 마음 소리만 귓가에 남아 있습니다. 심란한 마음에 예도 갖추지 못하고 급히 적었습니다. 널리 헤아려 주시기 바랍니다.

-1927년 7월 4일

  아이의 웃음소리 앞세워 사위와 딸이 서로 손을 맞잡고 처갓집 대문을 들어서야 하는데 그러질 못하고 얼굴에 수심이 가득 찬 사위 혼자 왔다. 몸 상태가 얼마나 회복되었는지 알고 싶거나 어여쁜 아내가 보고 싶어 왔다기보다는 딸의 병고가 얼마나 깊어졌는지 알기 위해 온 것이 아닐까 하는 생각을 친정아버지는 떨쳐 버릴 수가 없었다.
  그래서인지 사돈댁을 경하하는, 사위를 칭찬하는 문구를 서슴없이 써 내려간다. 딸로 향하는 바람을 맨몸으로 막아 주는 바람막이 아버지의 모습이다. 아름다운 아버지로 진정한 아버지로 기억될 수밖에 없다.

頃於允郎來去槩逋兩地
安否而入金聲息旋阻仰
詢雨旱不順之際
兄體度連衛萬重允郎
省棣諸儀勻得吉祥仰溸
區區且禱弟衷敗漸至豈有
佳況但大小家別無大警者幸
可堪道而女兒之產後所苦旣
依 昔日之敎連試拾餘貼藥
亦未見效此 允郎之所目擊而
去也厥後一向見苦自數日來氣
力益敗食飲亦隨以減其慮不
淺茲不獲已仰寄 允郎不
日起送俾得相議如何如何顧此
稟命淺薄每多心火踵發歎
歎憐憐已耳餘臨紙心亂不備
謹止
丁卯陰七月四日弟
金智洙拜上

편지 7 – 갈잎 끝마다 성급히 이슬을 맺으려……

어제 편지를 써 보냈는데 오늘 또다시 몇 자 적습니다.

여름이란 절기가 지나가려면 아직 멀기만 한데 벌써 깊은 가을 보름달을 품으려는 듯한 모양새가 바닷가 갈대숲의 갈잎 끝마다 성급히 이슬을 맺으려는 것과 다를 바 없어 보입니다. 왜 이리 긴 시간 후에나 다가올 절기를 앞서 생각하게 되는지 모르겠습니다. 아마도 제 마음이 초조해서 그런가 봅니다.

딸아이가 부안(扶安)에서 친정으로 돌아온 후 근근이 버티고 있습니다. 여름에 접어들면서 병이 점점 더 깊어지고 기력도 점점 잃어 가고 있습니다. 사위가 다녀간 이후에도 약효는 전혀 보이지 않고 전신 뼈 마디마디마다 끊어질 듯 아파하여 사지(四肢) 또한 움직이지 못하기는 마찬가지고 맥박도 불안정하게 뛰고 경락 또한 미약하여 몸을 제대로 펴지 못하고 있습니다. 갑작스러운 발작도 하면서 참기 어려운 고통을 호소하고 있습니다. 혀뿌리와 이가 잘 맞지 않아 더듬거리는 어눌한 말투가 전보다 더 심해지고 가슴속에서 열기가 위로 치밀어 오른다고 하니 도대체 어떻게 병을 다스려야 할지 알 수가 없어 답답하기만 합니다. 무엇보다도 힘들고 고통스러워하는 딸아이가 안쓰러워 눈물 없이는 볼 수가 없습니다.

최근에는 몸에 좋다는 보익탕(補益湯)도 먹였으나 회복되는 기미를 전혀 보이지 않고 있어 지금은 여러 가지 쌀미음으로 조절하고 있습니다. 혹여 주변에 용한 양의원이 있으면 약을 한 제 조제할 수 있었으면 합니다. 생명을 구하는 일이기에 할 수 있는 나머지까지 최선을 다해 봐야 하지 않겠습니까? 예도 갖추지 못하고 생각나는 대로 적었습니다. 헤아려 주시길 바랍니다.

- 1927년 7월 5일

친정아버지가 어제 사위 편에 서한을 보냈는데 딸의 몸 상태가 너무 안 좋아 다시 급하게 쓴 서한이다. 아직 여름인데 갈대 잎이 벌써 이슬방울을 맺으려는 모습을 표현하는 것으로 보아 초조하고 급한 마음을 나타낸다. 밤새 이슬이 맺히고 아침 햇살이 비추면 떨어뜨려야 하는 한시적인 생명을 가진 이슬이 너무나 고통스러워 하는 딸의 모습으로 비쳤을 것이다.

언제나 그랬듯이 딸의 행복과 희망과 삶의 안식을 보려 했던 아버지, 예나 지금이나 딸이라면 끌어안으려 했던 아버지. 마음이 저리도록 처량하다. 외동딸을 위해 평생을 내던져야 했던 애절한 사연만큼 아버지의 인생 또한 뼈아프게 이어졌다. 우리 가슴속에 깊은 설움으로 떨어지는 눈물이 된다.

一別幾何涉夏又秋阻懷
如海霞露盈衿仰惟
比令
兄棣體度益復萬重
胤哀昆仲甫支安貴閑
均平否炳然丹禱
實非尋常弟此生碌碌晏
然一蠢復何枚提而鈍
數困辱卒集身過展
眉一笑式日不易可呵可歎
女兒自扶安歸著率約
僅過入夏復病日氣漸深
允郎去後藥效姑捨見其
全身骨節切痛四支復
圍圍脉絡似不相關問作他塊
之物乍發乍止舌本齒部
似不利合語音比前似澁胸中熱氣間上沖云此何
症耶近用補益湯幾貼矣
帖席長臥米飮調理方今
三四日間矣貴邊或有良醫
議出一劑允郎起送如何
如何餘爲此不備謹候上
丁七月初五日弟金智洙再拜

::편지 7, 김지수가 사돈댁에 보낸 서찰.
휘늘어진 당산나무가 아침 이슬을 털고 일어나듯 강한 떨림이 딸에게 전해지기를 바라는 아버지의 슬프고도 아름다운 이중주가 마음을 울린다. 섬세한 잔가락으로 애잔하면서도 길게도 엮어진다. 사랑과 믿음, 만남과 이별, 절망과 희망의 깊은 골을 메우고 메워 슬픔과 설움과 한을 모두 쏟아 내리는 폭포가 되리라.
출처 : 전주국립박물관 발행 간찰집 4권 중.

마음 둘 곳 잃어 길을 걷다

편지 8-무덤 앞에 잔이라도 올리게 될 터인데……

사돈어른께 삼가 드립니다.

사랑스런 딸아이가 아이만 남기고 세상을 떴습니다. 부모 된 마음에 차마 언 땅에 여식을 묻을 수 없어 마음에 묻어 놓았습니다. 더 건네지 못한 아비의 부족한 사랑을 탓하며 오랜 갈증처럼 그리움으로 마음에 묻은 자식, 그 아픔 때문에 가슴앓이가 더욱 심해집니다. 그러나 시간이 지나면 나아질 것이라는 막연한 생각으로 하루하루를 애써 보내고 있습니다.

그나마 조석으로 부모님의 안부를 물어 살피는(昏定晨省-혼전신성) 어질기 그지없는 사위가 존재하는 것만으로도 많은 위안이 되며 차츰 모든 일이 상서롭게 풀릴 수 있으리라 생각됩니다. 하지만 어미를 잃은 손녀(孩兒-해아)를 돌봐야 하는 할아버지의 상심은 또 얼마나 크시겠습니까? 손녀의 재롱을 보는 기쁨과 며느리를 잃은 상실감이 교차되는 희비 선상에서 침묵할 수밖에 없는 사돈의 입장을 백분 이해합니다.

그리고 생각건대 사위는 상(喪)이 끝나는 대로 새로운 아내를 다시 맞아야 하리라 봅니다. 집안에 대소사를 챙기고 보살펴야 할 아내가 없으면 안살림은 허술해지고 가솔들의 생활도 엉망이 될 수밖에 없습니다. 부디 현명하고 자태가 고운 아내를 다시 맞게 하시어 화목한 일가(一家)를 이루도록 이끌어 주시길 바랍니다.

지난 서신에서 사위가 짬을 내 한번 다니러 온다고 하였는데 아직까지 오지 않고 있어 혹시 다녀가지 못할 일이 생긴 것은 아닌가 염려스럽습니다. 사위가 행여 처가에 오게 되면 홀로 외롭게 자리한 죽은 아내 무덤 앞에 잔이라도 올리게 될 터인데 어찌 죽은 아내가 생각나지 않겠습니까? 어찌 아내에 대한 원망과 애잔함 또한 깊어지지 않겠습니까? 혹시 그것도 아비인 제 욕심으로 비추지 않을까 심려되어 감히 독촉할 수 없는 이유가 되기도 합니다.

사돈어른. 요즈음 날씨는 변덕이 심하고 거칠기 그지없습니다. 감기에 유념하시기 바랍니다.

– 1928년(추정), 2월 21일.

일곱 살 난 어린 자식을 남겨 두고 딸은 멀리 떠나갔다.

시집간 딸을 출가외인이라 하지만 딸을 앞세운 아버지의 지극한 슬픔을 차분하게 적고 있다. 자식을 떠나보내는 슬픔에 저미는 가슴으로 이름을 불러 보지만 대답이 없다. 소리 내어 꺼이꺼이 우는 얕은 모습을 보이고 있지는 않지만 가슴속으로 눈물이 파고들어 넘어간다.

    나를 아버지라 부르던 딸아이는 이미 없어 가슴 시리나
    나를 외할아버지라 부르는 소리에 가슴이 미어져 내린다

딸의 오랜 병환으로 시댁에 우환(憂患)만 만들고 대를 이을 아들 하나 낳지 못한 채 딸이 죽자 묘를 친정으로 가져온다. 제 구실 못한 딸이 시댁에서 어떤 대접 받을 것인가를 생각하니 그 위치가 어색하고 사위 또한 새장가를 쉽게 들 수 있도록 외동딸의 묘를 친정으로 정한 것은 친정아버지의 고집이었을 것이다. 있어야 할 곳에 있게 해야 마땅한 이유가 된다. 내 죽어서라도 함께하려고 하는 모습이 한(恨)스럽기까지 하다.

  아내의 상(喪)이 끝나는 대로 사위가 어진 아내를 다시 얻어 화목한 가정을 이루어야 한다고 부탁하고 있다. 그동안 아내가 채우지 못한 자리에 대한 미안함과 죄스러움을 보상해 주고 싶은 마음일 것이다. 자기의 허물이 누구에게든 정신적으로나 물질적으로 해를 입고 괴로움을 받는 누(累)가 되지 않을까 고민하고 행동에 옮긴 군자다운 모습이다. 남의 허물만 보고 자신의 허물을 보지 않는 소인과는 다르다.

일반적으로 인간은 무한히 사랑할 수 없다고 한다. 인간 존재의 유한성(有限性)과 분산성(分散性)이 그 이유다. 사람의 마음이란 것은 무한히 사랑하려 해도 무한히 사랑할 수 없고 한(限) 없는 사랑을 꿈꾸지만 그 꿈을 담을 만한 그릇을 키우질 못한다. 넘치는 것만이 사랑인 줄 알고 사랑이 풍요롭다고 얘기한다. 넘치지 못하면 부족하다고 불평을 하거나 다른 사랑으로 눈을 돌린다. 사랑은 평등(平等)해야 한다고 말하지만 평등하게 나눠 줄 수 없는 게 사랑이다. 대상에 따라 관심도에 따라 농도(濃度)가 다른 분산적인 사랑을 한다. 그래서 인간은 무한히 사랑할 수 없다고 한다.

그러나 서한들을 읽다 보면 친정아버지가 딸에게 보여 주는 사랑은 무한한 사랑이다. 사랑에 대한 일반적인 제한인 유한성과 분산성이 통하지 않는 마음이다. 같은 운명의 샘에 뿌리를 내린 아버지가 딸에게 보여 주는 사랑은 남다르다. 딸을 위해 자기(自己)라는 존재를 부정(否定)하면서 딸을 위해 자기를 희생(犧牲)하는 모습으로 자기를 완성(完成)했던 아버지가 딸에게 베푸는 자비는 운명적 Amor fati 이라고 말할 수밖에 없다.

隔歲阻
音春又半矣仰請
服棣體度際茲萬重
賢允定省完吉孩兒失焉
鞠養父祖之傷心屢常推
想近得免日寒感冒耶仰
溱願聞實勞我思弟數薄
生殘有何佳況惟幸仲
叔保寓而大小春無警也
允君續絃禮當關服乃行
家無內相實難執經則謂
須振求賢姿而俾得一家
組成若何或有暇隙則必
當一顧訪我凭音尚遲必
有不可能之事情見彼耶不
塚亦豈無望夫之思耶不
敢望不欲言爲探近節草草
不備狀上
陰二月卄一日弟金智洙拜上

:: 편지 8, 김지수가 사돈댁에 보낸 서찰.
딸이 어린 딸을 남겨 두고 세상을 떠나갔다. 사슴 우는 소리가 어둠을 가련히 가른다. 한 줄기 빛만 어둠을 가르는 줄 알았는데 소리 죽여 우는 소리는 어둠을 하얗게 만든다. 아버지 마음속에 흐르는 강물 소리가 그러했으리라. 그 소리는 한 깊은 가슴 풀이였다. 그 한풀이 끝에 아버지의 허허로운 웃음소리로 매달려 있는 모습이 가을 같아 처량하다.
출처 : 전주국립박물관 발행 간찰집 4권 중.

오늘은 취하고 싶구나

술 한 병 옆에 차고 산을 오른다.

산 중턱에 오른 뒤 허리를 펴 올라온 길을 내려다본다. 그토록 한적한 길에 소복하게 피어 있는 들국화가 눈에 들어온다. 들국화를 꺾자 들꽃 향기가 코를 자극한다. 고개 들어 산봉우리를 바라보자 푸른 빛이 그 아래 머물고 소슬바람이 얼굴을 털고 지나간다.

아담한 묘 앞에 들국화를 놓고는 한 잔 술을 따른다.

"하나밖에 없는 너를 지켜 주지 못해 미안하다. 낯설고 한(恨) 많은 세상…… 문 열어 살아가다 보니 내 속은 이미 곤죽이 되어 버렸는데 네 속이야 오죽하겠느냐? 마음의 굴레야 뭐 있겠느냐마는 그 꺼풀마저 털고 오늘은 이 한잔 술로 노래도 하고 쉬어 가자꾸나!"

입에 술병 채로 들이대고는 "오늘은 취하고 싶구나. 인생을 살면 얼마나 산다고 아침 이슬 같은 인생길, 너와 함께 보낸 세월은 짧고 뜻은 항상 많았지. 가끔은 네가 아파했던 모습이 생각나 슬퍼 탄식하기도 하지만 수심(愁心)만큼은 잊을 길이 없구나! 어떻게 근심을 잊을까? 오직 네 옆에서…… 오늘은 취하고 싶구나."

> 아버지의 눈에는 눈물이 보이지 않으나
> 아버지가 마시는 술에는 항상
> 보이지 않는 눈물이 절반이다
> 아버지는 가장 외로운 사람이다
> — 김현승, 「아버지의 마음」 중에서.

너무나 아쉬운 것은 서한 내용으로 보아 사돈 집안과 서로 서신을 왕래한 것을 알 수 있으나 사돈댁에서 보내 온 편지와 이런 과분한 아버지의 사랑을 받은 딸의 속내를 알 수 있는 단 한 줄의 글도 남아 있지 않다는 것이다. 친정아버지의 메아리만 들릴 뿐이다.

서한 내용들을 살펴보면, 시댁이 전라도 부안 지역 주천(舟川)이고 성암(誠菴) 이공(李公) 집안으로 사위 이름은 윤랑(允郎)이라는 것 정도를 알 수 있다.

부인이나 다른 자식에 대한 어떤 언급도 찾을 수 없어, 외동딸이었을 것이라는 인물 설정과 어머니는 어린 딸을 남기고 세상을 떠난다는 가상의 이야기를 삽입하였다. 극적인 재미를 더하고자 하였으나 그 내면에는 친정아버지가 주는 깊은 사랑이란 메시지를 전하고자 했다.

낡은 돌판 위의 편지
내 아내의 이름은 경애다

믿음 하나만으로 맹세하노니
그대를 어찌 감히 잊을 수 있단 말이오
세상에 나만 홀로 남겨져
그대 잠들어 있는 무덤까지 함께 따라가지 못하는
이내 심정 아프다 못해 애통하도다

家香牋記(가향전기)
"집안을 향기롭게 만드는 편지."
家內(가내) 和氣(화기)를 불러오게 한다.

내 아내의 이름은 "경애瓊愛"

사랑하는 내 아내의 이름은 경애(瓊愛)다

(중략)

믿음 하나만으로 맹세하노니

그대를 어찌 감히 잊을 수 있단 말이오

세상에 나만 홀로 남겨져

그대 잠들어 있는 무덤까지 함께 따라가지 못하는

이내 심정 아프다 못해 애통하도다

— 묘지명 중에서.

묘지명(墓誌銘)은 묘지에 관하여 기록한 것으로 무덤 안에 남기는 명문이다. 무덤의 주인공이 누구이고 어떤 삶을 살았는지 판석(板石)에 새겨 후세에 전하기 위한 기록물이다. 기록하는 내용으로는 무덤 주인 집안의 계통을 말하는 가계와 벼슬, 그 사람의 주요 공적이나 성품 등을 담고 있다. 묘지명은 죽은 사람과 평소 가까이 지낸 벗이나 지인, 제자, 아들, 조카 등 친인척이 짓는 일이 대부분이나 자기의 죽음을 예감하고 자신의 묘지명을 직접 쓴 드문 경우도 있었다. 지금까지 발견된 고려시대의 묘지석은 220여 개 정도 되는데 그중 남편이 직접 묘명(墓銘)을 쓴 예는 2건에 불과하다. 그리고 아내의 이름을 직접 적고 있는 묘지명은 단 하나뿐이다.

"경애", 돌판에 새겨 있는 여인네의 이름이다. 슬픔이라는 조각칼로 새긴 듯하다. 860여 년이 지난 지금까지 한 장의 낡은 돌판 위에 지워지지 않고 남아 있는 이름으로 묘지석 발견 당시에 가장 주목을 끌었던 부분이기도 하다. 그 이유를 굳이 말하자면 남성 우월주의 사회였던 조선시대를 거슬러 올라 고려시대에도 여인의 호칭은 남편의 지위를 쫓아 이름 대신 내명부(內命婦)를 갖게 되는 것이 일반적이었는데 유일하게도 이 판석에는 "경애"라는 이름이 적혀 있기 때문이다. 860여 년 전 고려시대, 아내의 이름으로 시작되는 편지에는 대체 어떤 사연이 담겨 있는 것일까? 긴긴 세월 견뎌 온 인고의 눈물처럼 애달픈 흔적으로 남아 있는 편지를 조용히 읽어 보려 한다.

낡은 돌판에 새겨진 편지
'접시꽃 당신'

정숙하고 현명한 아내가 병을 얻어 마흔일곱의 나이로 세상을 먼저 떠나자, 염경애의 남편 최루백(崔婁佰)은 매우 상심하며 슬픈 마음과 안타까운 심정을 억누르지 못하고 눈을 감는다. 손마디가 미세하게 떨리고 어깨가 들먹여지지만 한 호흡 길게 들이쉬고서 자신의 심중(心中)을 돌에 새기기 시작한다.

황통(皇統) 6년(1148) 정월 이십팔일에 한남(漢南) 최루백의 처 봉성현군 염(廉)씨가 세상을 떠났다. 천하에 흐르는 기운이 가장 왕성한 날(길일〈吉日〉)을 정해 화장을 했고, 아내가 가을 분위기 나는 맑고 시원한 절이라 하여 즐겨 찾아가곤 했던 청량사(淸凉寺)에 그녀의 혼백을 모셔 정성껏 위로해 주었다. 그리고 삼 년 뒤 돌아가신 장인어른의 묘 옆에다 장사 지내며 사랑하는 이에게 편지를 쓴다.

:: 낡은 돌판에 새긴 편지. 70.3×33×3cm, 16.2kg, 고려 의종 2년(1148).
검은 돌판을 편지지 삼아 몇 자 적는다. 비록 이내 몸이 그대 향한 망부석(望夫石)처럼 되지 못하더라도 마음에서 이는 그리움 하나만으로 정표(情表)를 삼고자 한다. 이 편지를 심석(心石)이라 부르고 싶다.
출처 : 고려 묘지명(국립중앙박물관 소장).

사랑하는 내 아내의 이름은 경애(瓊愛)다.

아내의 아버지는 정4품에 해당하는 검교상서우복야(檢校尚書右僕射) 대부소경(大府少卿) 벼슬을 지낸 염덕방(廉德方) 공이고 어머니는 의령군 대부인 심씨다. 4남 2녀 중 큰딸로 태어나 스물다섯 살에 시집와 여섯 자녀를 두었다. 큰아들은 단인(端仁)이고 둘째는 단의(端義), 셋째는 단례(端禮)로 모두 유학에 뜻을 두고 공부하고 있고(구지학〈俱志學〉), 넷째는 단지(端智)로 출가해 승려의 길을 걷고 있다(도위승〈度爲僧〉). 큰 딸은 귀강으로 흥위위녹사(興威衛錄事) 최국보에게 시집갔다가 최씨가 죽자 집으로 돌아왔다. 작은 딸은 순강으로 한참 어리다.

아내는 사람을 대함이 조심스러워 예의에 어긋남이 없고 행실이 바르고 마음씨가 맑으며, 자못 글자를 깨우쳐 사사로움보다 대의에 밝았고 경우에 따라 부드러운 말과 엄격한 말을 구분할 줄 알았다. 뛰어난 일솜씨를 따를 자가 없었고 달빛처럼 단아하면서 은은하게 풍기는 아름다운 용모로 아랫사람들부터 어른까지 입이 마르게 칭송하지 않은 자가 없었다. 더욱이 내 고마운 것은 며느리의 도리에 부지런히 힘써 부모님의 의중을 미리 알아서 받들고, 돌아가신 시어머님을 위해 있는 정성 다해 힘써 제를 지내고 일가친척들의 기쁜 일이나 슬픈 일까지 힘써 살피니 훌륭하다 하지 않을 사람이 어디에 있겠는가.

한동안 내가 구주(具州) 중원(中原) 지역의 원으로 나가게 되었을 때, 험하고 먼 길 마다 않고 따라와 나를 도왔고, 혹 군사 일로 변방으로 가 있을 때도 가난하고 구차한 살림을 맡아 주며 군복을 손수 지어 사시 때때로 보내 주었지. 그리고 내가 거세(去勢)당하여 후궁에서 시중을 드는 엄환(閹宦)인 환관(宦官)으로 있을 때 아내는 있는 재산 없는 재산을 다 끌어 모아 나를 받들어 주었다. 나를 따르며 궁핍한 생활을 여자 혼자 짊어진 지난 23년을 말로 표현하기도 어려운데 하물며 기록으로 남기려 하니 기가 막힐 뿐이다.

아내가 내게 시집오기 전 돌아가신 내 아버지를 위해 새해 설(歲時) 때나 복(伏)날, 한 해 농사를 끝내고 농사 형편과 그 밖의 일을 신께 고하는 제삿날(납일[臘日])이면 한 번도 빠짐없이 예를 다해 제를 지내 주었고 없는 시간 쪼개어 길쌈을 하고 작은 천들은 모아 손수 꿰매어 저고리나 잠방이를 지어 두었다가 돌아오는 조상님 제삿날에 절하며 바쳤으며, 또 조상님 안위를 비는 제(祭)에 참여한 승려들에게는 버선을 미리 정성껏 지어 두었다가 나눠 주었다. 그 마음의 깊이는 알겠으나, 그 끝은 어디까지인지 가늠하기 힘들다. 어찌 이런 것들을 다 잊을 수 있단 말인가.

평상시 아내는 내게 이리 말하곤 했었다.

"자식들은 글만 읽고 일을 하려 하지 않습니다. 그래서 집안일은 당연히 혼자 하게 됩니다. 때문에 집안의 의복과 양식을 마련해야 하는데 모든 일이 그렇듯이 여의치 않은 경우를 자주 겪게 됩니다. 그럴 경우에 내 비록 애써 힘쓴다 해도 생각대로 되지 않는 일이 간혹 있습니다. 혹 내가 불행하게 되어 내 목숨이 끊어진 다음, 자식들이 후한 녹을 받아 무엇이든 뜻대로 할 수 있게 되더라도 이 어미의 살림하는 재주가 없었다고 탓하지 말고 가난을 벗어나기 위해 애쓰던 어미의 고생한 마음만은 잊지 말라고 말씀해 주십시오."

훗날 생각하니 어느 평범한 아낙과는 다른 내 아내의 비범함을 느낄 수 있는 그런 말이었다.

아내가 세상을 떠나기 전 내가 정6품인 우정언지제고(右正言知制誥)로 승진하자 "이제 당신이 승진한 만큼 녹봉을 많이 받을 테니 우리 가난함도 앞으로 구제될 수 있겠군요"하며 기뻐한 적이 있었지만 나는 "내 직책 이름 대로 녹만 먹는 자리가 아니고 임금께 바른 말을 미리 알아 직언하는 자리니 너무 기대하지 마시오"라고 정색을 하고 말한 적이 있었다. 그러자 아내가 이르길 "당신이 단 하루만이라도 임금께서 거처하는 궁궐의 오르내리는 층계에서 임금과 옳고 그름을 논한다면 이 몸은 머리에 가시 비녀를 꼽고 거친 삼베옷을 걸치고 흙이나 거름을 담아내는 삼태기를 머리에 이고 살아간다 해도 기쁘기 그지없겠습니다"라고 말하였다. 그런데 그 말을 한 지 채 1년도 지나지 않아 병이 들어 자리에서 일어나지 못하고 세상을 뜨다니 이 어찌 한스럽지 않단 말인가. 좋은 일에는 흔히 마장(魔障)이 생긴다더니 이를 두고 한 말인가. 참으로 가엾고 불쌍한 마음 이를 데가 없구나!

그 뒤 나는 우사간(右司諫), 좌사간(左司諫), 시어사(侍御史), 예부원외랑(禮部員外郎), 예부낭중(禮部郎中), 청주부사(淸州副使) 여러 관직을 거치면서 좌천도 되고 승진도 하면서 후한 녹을 받게 되었는데 가만히 돌아보면, 의복과 식량이 아내가 알뜰하게 구할 때보다 못하니 그 누가 살림하는 재주가 없다고 탓할 수 있겠는가.

아내가 숨을 거두면서까지도 나에게 훗날 일을 부탁하고 아이들 하나하나에게 마땅한 유언을 남겼는데 그 남긴 말이 어느 하나 이치에 어긋남이 없고 가슴 깊이 새겨 둘 말이 많으니…… 이내 아내를 그리며 홀로 슬퍼하노라.

尋信誓不敢忘　　심신서불감망
未同穴甚通傷　　미동혈심통상
有男女如鴈行　　유남녀여안행
期富貴世熾昌　　기부귀세치창

믿음 하나만으로 맹세하노니 그대를 어찌 감히 잊을 수 있단 말이오. 세상에 나만 홀로 남겨져 그대 잠들어 있는 무덤까지 함께 따라가지 못하는 이내 심정 아프다 못해 애통하도다. 그래도 우리에겐 장성한 아들과 딸이 있어 어머니를 대하는 예절이나 염원이 하늘을 나는 기러기 떼와 같고 당신의 음덕 또한 하늘과 같이 넓고 깊기만 하니 부귀영화가 자손만대 창성할 것이로다. 아직도 같이 묻히지 못해 심히 통상(痛傷)하다.

:: 묘지명 말미에 적혀 있는 글귀의 일부로 아내를 먼저 떠나보낸 남편의 아픔이 묻어난다. 가슴으로 맹세하는 지아비의 믿음에 틀어짐이 없다.

:: 염경애의 묘지명의 뒷면에 선으로 새겨 놓은 선각화, 백호도.
사신도 중 서쪽 하늘을 수호한다는 백호로 판석 오른쪽 상단에 상(上)자와 서(西)자가 쓰인 것으로 보아 석관 내부에 사신도를 그려 소우주로 생각한 것으로 본다.
출처 : 고려 묘지명(국립중앙박물관 소장).

　백호는 죽은 아내의 미래를 보호하는 수호신이다. 풍기는 외모가 용감무쌍하고 날렵해 보인다. 움켜쥔 발마다 힘이 실려 있고 갈기는 사방으로 세워져 불처럼 타오르고 있다. 위로 들어 올린 허리에 긴장감이 서려 있다. 누군가 접근하기라도 할라치면 바로 대응할 태세다. 죽은 아내를 지키라는 천명(天命)을 받은 수호신 같다.
　최루백은 졸지에 아내를 잃은 슬픔을 두 손으로 받아 내고 있다. 주체할 수 없이 흐르는 눈물을 닦고 훔치고 있는 것이다. 권세 있는 집안의 딸인데 자신에게 시집와서 고생만 하고 마흔일곱의 나이로 세상을 떠난 부인을 생각하며 애절하게 써 내려간 편지는 아내의 이름을 시작으로 한 고려시대의 여인이 접시꽃 당신으로 되살아나는 순간이다. 죽은 아내에게 자신의 슬픔을 전하려는 남편의 몸부림이 아름답다.

염경애의 남편 최루백

최루백의 집안은 수원 지방에서 대대로 향리를 지냈으며, 시아버지 또한 호장(戶長)이었다. 향리는 그 지역 토착 세력의 강한 기반이었으며 호장은 향리 사회를 이끌어 가는 지도부였다. 하지만 최루백의 처가는 이보다 더한 권력과 부와 명예를 지닌 귀족 집안이었는데 귀족정치가 주를 이루었던 고려시대에 신분의 차이를 넘어 혼인을 한다는 것은 상상하기 힘든 일이었다. 그것도 일개 지방의 향리 가문으로 개성의 귀족 집안과 혼인을 한다는 것은 흔치 않은 일이었다. 귀족들은 귀족 간 결혼으로 그들이 가지고 있는 기득 세력을 더 많이 누리려 하는 것이 대세였기 때문이다. 이런 사회 분위기에서 신분의 차를 극복하기 위해서는 과거 시험을 통한 신분 상승이 유일한 돌파구 역할을 했다.

∷ 루백포호도(婁伯捕虎圖). 조선시대의 교과서에 해당되는 삼강오륜도와 오륜행실도에 효행에 관한 글과 함께 실려 있는 최루백의 효자도.

삼강오륜도(三綱五倫圖)나 오륜행실도(五倫行實圖), 효자도(孝子圖)를 보면 '루백박호(婁佰搏虎), 루백이 호랑이를 잡다'라는 제목으로 최루백에 대한 이야기가 전해져 온다.

최루백이 열다섯 살이 되었을 때, 사냥하러 갔던 아버지가 호랑이에게 잡혀 호랑이 밥이 되어 버렸다.

최루백이 "내 기필코 호랑이를 잡아 원수를 갚겠다"고 하자 어머니는 "만의 하나 잘못되어 네가 화라도 입게 되는 날이면 나 홀로 어찌 살아갈 수 있겠느냐? 그러니 제발 가지 말아라"라며 한사코 말렸으나 "아들 된 도리로 어찌 아버지의 원수를 모르는 척할 수 있단 말입니까?" 하고는 도끼를 메고 산으로 떠났다. 그리고 온 산을 샅샅이 뒤진 끝에 마침내 아버지의 육신(肉身)을 다 먹어 치우고 바위 위에서 쉬고 있던 호랑이를 발견하고는 큰 소리로 호랑이를 향해 "네 이놈, 네가 감히 우리 아버지를 잡아먹은 놈이냐? 내 너를 용서치 않으리라, 이제 내 너를 잡아 죽여 우리 아버지의 원수를 갚아야겠다. 네놈의 잘못을 뉘우치는 눈물까지는 바라지 않지만 죽어야 하는 이유는 알고 죽어야 되지 않겠느냐? 네 이놈!" 하며 호통을 치는가 싶더니 어느새 가지고 있던 도끼날이 호랑이의 머리를 향했다. 한 방으로 호랑이를 죽인 최루백은 호랑이의 뱃속에서 아버지의 뼈와 살을 추려 깨끗한 그릇에 담아 모시고 호랑이의 고기는 항아리에 담아 냇물 속에 묻어 두었다. 최루

∷ 효자도 그림 중 아버지를 죽인 호랑이를 도끼로 쳐 죽이고 있는 최루백.

백은 홍법산에서 아버지의 장례(葬禮)를 치른 다음, 무덤 옆에 여막을 짓고 무덤을 지키며 삼 년 시묘(侍墓)살이를 하였다.

그렇게 시묘살이를 하던 최루백에게 어느 날 하루 선친(先親)이 꿈에 나타나 시(詩)를 읊어 주셨다.

披榛到孝子廬 情多感淚無窮　피진도효자려 정다감누무궁
負土日加塚上 知音明月淸風　부토일가총상 지음명월청풍
生則養死則守 誰謂孝無始終　생즉양사즉수 수위효무시종

가시덤불을 헤치며 효자인 아들의 여막에 이르니
하늘이 내린 정 깊거니와 흐르는 눈물 끝이 없구나
하루도 빠짐없이 흙을 져다 무덤을 쌓으니

이 효심 알아 주는 것은 맑은 바람과 밝은 달이구나
살아 있을 때는 봉양하고 죽어서는 묘를 지키니
그 누가 효도에 시작과 끝이 있다고 말할 수 있겠는가?

전설 같이 전해져 오는 이야기이지만, 실제 이 마을 뒷산에는 최루백이 호랑이를 죽였다는 장소에 큰 바위가 있는데 이를 효암(孝岩)이라 불린다. 조선시대 사도세자의 묘역을 방문하러 왔다가 이곳에 들른 정조가 최루백의 효행에 감복해 내린 이름이다. 연산군 때 마을 어귀에 세워진 효자비 역시 최루백의 효행을 기리고 있다.

아름다운 이름, 어머니로
남아 있는 여인이여!

앞에서도 언급했지만 최루백의 아내 염경애는 개경의 권세 있는 귀족 집안의 딸이고 남편 최루백은 수원 향리의 아들이다. 결국 염경애는 자신보다 낮은 신분의 집안으로 시집간 셈이다. 신분에 대한 엄격한 질서가 유지되고 있던 고려시대에 일개 지방 출신이 개경 귀족 집안의 딸과 혼인을 맺는 일은 특별한 경우가 아니고서는 거의 있을 수 없는 일이었다. 다만 한 가지 추정해 볼 수 있는 것은 최루백이 과거에 합격했다는 사실이다. 과거 급제자의 경우, 촉망받는 장래 때문에 자신보다 권세 있는 집안의 사위가 되는 것이 가능할 수도 있을 것이다. 출세를 위해서라도 자신의 능력보다는 혈연이 매우 중요했던 철저한 신분 사회, 그것이 고려의 귀족 사회였다.

이런 시대적 상황 속에서 가난한 향리 집안의 아들로 생활이 그리 넉넉한 편이 아니었던 최루백은 어렸을 때부터 이름난 효자라는 점과 과거에 급제한 촉망받는 인재라는 점이 높이 평가되어 귀족 집안의 딸과 혼인을 한 이후, 부인이 죽기 전까지 정7품 관리의 자리에 있었다.

관리 중 하급 관리인 셈이었는데 관료로서 받는 녹봉과 토지 임대 수입만으로는 생활하기에 다소 버거웠을지도 모른다. 토지를 임대해 주어 받는 얼마간의 식량과 하찮은 녹봉만으로 부부와 자녀 4명이 생계를 이어 가는 것이 어려운 것은 당연한 일이다. 이처럼 넉넉지 않은 가정 형편 속에서 식량과 의복 등을 마련하고 전적으로 가계를 도맡아 책임지는 것 또한 아내 염경애의 몫이었을 것이다. 결혼한 후 23년 동안 낮은 녹봉으로 살림을 꾸리며 이리저리 가족의 양식을 구하기 위해 밤낮으로 힘들게 일한 아내의 내조 덕분에 최루백은 집안 걱정 없이 탐욕을 부리거나 구차하지 않고서도 청렴한 관직 생활을 할 수 있었다.

860여 년 전 평범한 여성이 자신에게 주어진 환경에 굴하지 않고 어려움 속에서도 구차하지 않았으며 숱한 고난 앞에서도 물러서지 않고 맞섰던 의연한 행동과 자기희생을 통해 만들어진 자리가 빛나 보인다. 권세 있는 집안의 딸로 나고 자라서 하인이나 아랫사람을 부리는 것만 보아 왔을 터인데 가난하고 어려운 한 집안의 며느리로, 한 남자의 아내로, 아들딸들의 어머니로 어느 하나 소홀함 없이 본연의 자리를 지키게 했던 에너지는 무엇이었을까? 바로 헌신적인 가족 사랑이었을 것이다.

　낡은 돌판 위에 새겨진 사랑과 연민과 회한의 편지…….

　그 주인공의 이름을 떠올리며 목이 메도록 그녀의 이름을 불렀을 남자 최루백의 애끓는 정을 가슴에 담아 본다. 그리고 그 그리움의 긴긴 뒤안길에서 사랑이라는 이름으로 고난과 역경을 헤치며 살아왔을 우리의 어머니 우리의 아내…….

　그 아름다운 이름을 지닌 한 여인의 긴 생명력은 앞으로도 천 년을 이어 갈 수 있으리라.

　접시꽃 당신…… 염경애.

사제의 정(情)

세 한 도

맑은 술잔 위로 겨울밤이 떨어지고
두터운 정 또한 먹물 속에 풀어 놓아
옛정 견디기 어렵구나!

歲寒然後知松柏之後凋也   세한연후지송백지후조야
날씨가 차가워진 후에야 송백의 푸름을 안다

완당(阮堂), 추사의 호.
가장 사람 냄새 나는 인장이다.
글씨체가 너무 멋스러워 스승 추사(秋史)
와 제자 우선(藕船), 두 사람이 다정하게
손잡고 걸어 나오는 듯한 착각을 불러일
으킨다.

한겨울 바람이 불어야 제 맛이 나는 세한도

세한도를 처음 보았을 때

잡티 없는 하얀 눈을 맨손으로 뭉치는 느낌이었다.

세한도는 잘 알려진 대로 추사 김정희(秋史 金正喜, 1786~1856)의 대표적인 작품이다. 제주도에서의 유배 시절, 스승과 제자로서

:: 당대 최고의 문인화로 꼽히는 세한도. 국보 180호. 69.2×23cm. 1844(헌종10년).

의 변함없는 의리를 보여 준 제자에게 고마움의 뜻을 담아 그려 준 것이다. 제자 우선 이상적(藕船 李尙迪)은 역관(譯官) 중에서도 시와 서예가 뛰어난 남다른 사람으로 중국 연경에 다녀올 때마다 스승을 위해 정성스레 서책과 선물을 사 오며 제자의 정을 다하곤 했다. 주위의 껄끄러운 눈초리와 함께 어쩌면 추사와 더불어 죄인으로 내몰릴 수 있는 상황에도 아랑곳하지 않고 생활 용품은 물론 서책을 보내는 일에 변함이 없었다. 물론 유배지에 갇혀 있는 스승의 답답함과 괴로움을 알아주고 위로하는 한편 바깥세상 돌아가는 소식을 전하면서 절대로 희망의 끈을 놓지 않기를 바라는 편지가 들어 있었음은 자명하다. 무엇보다 그가 가진 기본 품성이 곧기 때문에 추사의 권력보다는 인간의 도리를 따르고 명예를 섬길 줄 알았던 것이다.

  추사는 제자의 두터운 정성에 각별히 기뻐하고 감동을 받았을 것이다. 제주도에 바람이 멈추자 추사는 정갈한 마음으로 붓을 잡는다. 한 번의 갈필로 노송과 잣나무를 그려 본인의 지극한 뜻을 담아 '세한도'라 이름하고 '우선시상 완당(藕船是賞 阮堂)'이라는 표제를 붙인 다음 정성스레 글을 지어 해서(楷書)체로 단정히 써 내려간다. 그리고 이를 제자에게 보내 깊은 정으로 답했던 것이다.

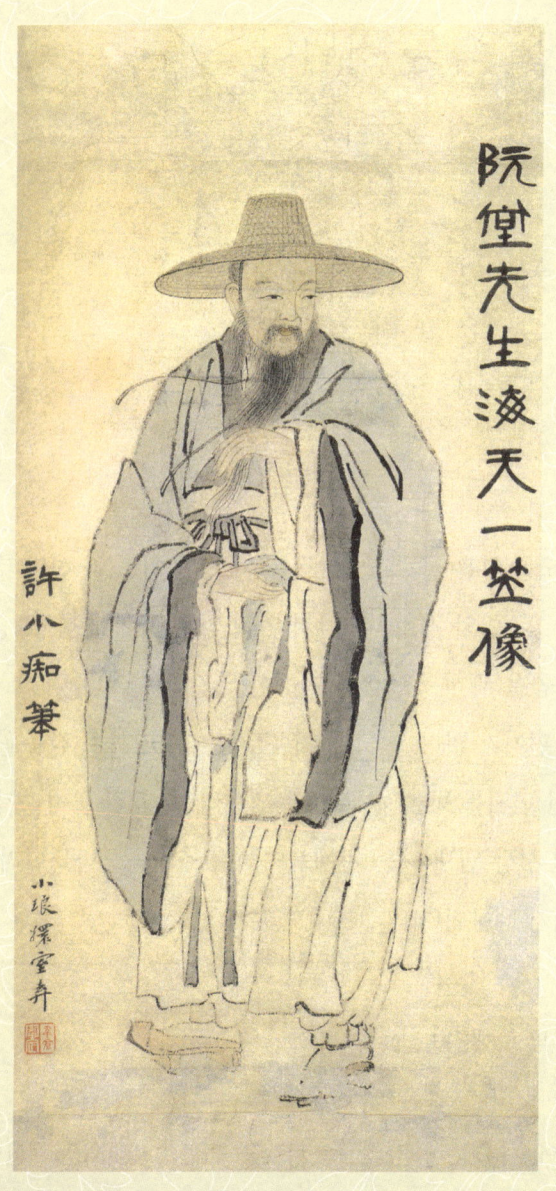

:: 완당 선생 해천일입상. 24×51cm.
소치 허련(小痴 許鍊, 1808~1893)이 제주도에 유배 중인 하늘과 땅 사이에 혼자 외로이 삿갓을 쓰고 있는 스승 추사의 모습을 그린 것이다. 하늘이 인물을 냈음에도 세상이 외면한 모습. 나막신에 삿갓을 썼다.

세한도 속을 거닐다

　　세한도를 부분 클로즈업하듯 살펴보면, 어느 곳 하나 추사의 심도 깊은 의(義)와 정(情)이 담겨 있지 않은 곳이 없다. 스승과 제자 간의 올곧은 관계 속에서만 가능한 완전한 편지다. 세상 어디에도 이만한 편지가 없다. 까닭에 처음부터 마지막까지 감동을 전해 준다. 이런 편지를 받을 수 있는 운명이라면 그 길을 따라가고 싶다. 그 길엔 사람 냄새 나는 관계 설정이 있고 삶을 다독거려 주는 철학이 있기 때문이다.

#1. 제목 : 세한도(歲寒圖)

　　논어에 나오는 공자의 "歲寒然後 知松柏之後凋也(세한연후 지송백지후조야)"에서 따온 말로 해석하자면 "날씨가 차가워진 후에야 송백의 푸름을 안다"는 문장을 인용하여 세한도(歲寒圖)라 제목을 붙인 것이다.

#2. 우선시상 완당(藕船是賞 阮堂)

　세한도라는 제목 옆에는 '우선시상 완당(藕船是賞 阮堂)'이라는 글씨가 쓰여 있다. 상(賞)은 '감상하다'라는 뜻을 가지고 있다.
　"우선(제자 이상적의 호), 즐기며 감상하시게."
　풀이하자면 "내 자넬 위해 그린 그림이니 눈길 가는 대로 느끼고 마음껏 감상해 보게"라는 뜻이다.
　추사 자신의 처지와 제자인 우선과의 관계를 표현하면서 본인의 마음을 한눈에 알아봐 주기를 바라는 스승의 한마디인 것이다. 세상의 권력이나 탐욕으로부터 자유로우며 학자로서의 배운 바를

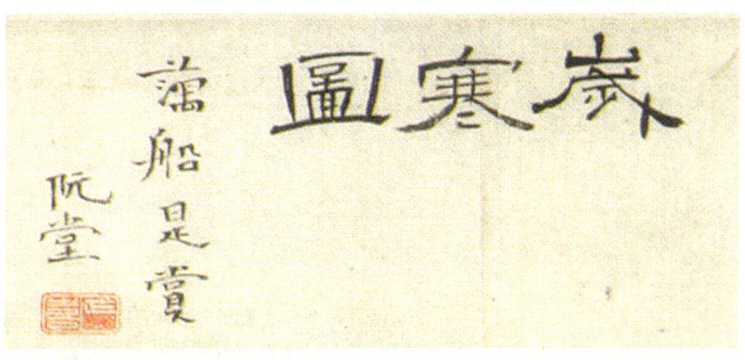

:: 우선(藕船)은 이상적의 아명(雅名)이다. 상(賞)이란 글자는 아름다운 것을 보고 즐긴다는 뜻을 가지고 있다.

그대로 실천하고 지조와 의리를 중시하는 선비 정신이 그대로 나타나 있다.

#3. 장무상망(長毋相忘)

:: 세한도 오른쪽 아래에 찍혀 있는 낙관은 2천 년 전 중국 막새기와에 찍혀 있는 글씨를 본떠 만든 명문으로 금석학에 조예가 깊었던 이상적이 찍었을 것으로 추정하고 있다.

　세한도 오른편 아래에는 '장무상망(長毋相忘)'이라는 붉은 낙관이 찍혀 있다. 장무상망이라는 글귀는 2천 년 전 중국 한나라의 막새기와에 새겨져 있던 글씨로, '오래도록 서로 잊지 말자'는 내용이다. 유배지에서 힘든 생활을 하며 어려움에 처해 있는 스승을 위해서 주위의 시선 따위는 아랑곳하지 않고 찾아가는 제자와 스승 간의 교분에 걸맞은 말이다. 지금은 어쩔 수 없이 헤어져 있더라도 먼 훗날까지 서로 잊지 말자는 약속의 표현이기도 하다.

#4. 세한도 속을 들여다보면

늙은 소나무 한 그루, 초라한 집 한 채, 잣나무 세 그루가 초가집 앞뒤에 서 있는 모습이 전부이지만 보면 볼수록 절묘한 균형감에 빠져든다. 쉬이 눈을 뗄 수 없는 문인화이다. 빡빡한 털을 맨마른 붓(渴筆-갈필)으로 예로부터 지조의 상징으로 불린 소나무와 잣나무의 요점만 터치하듯이 그려 내어 넘치거나 부족함도 없이 선비의 정신이 그대로 살아 있는 필선(筆線)을 보여 준다.

송백(松柏) 네 그루는 사시사철 변함없이 늘 푸른 추사와 이상적의 기상을 표현한 것이다. 늙은 노송(老松) 한 그루는 속이 비어 있는 형태로 두 가지가 뻗어 있다. 한 가지는 잣나무에 의지한 듯 서 있는데 이것은 제자 이상적에게 믿음을 가지고 기댄 추사의 마음을 간접적으로 표현한 것이고, 다른 한 가지는 노송 본연의 멋스런 모습대로 굽어지며 늘어져 있다. 노송의 속이 비어 있는 것은 세력이 성하고 쇠하고는 전혀 관심이 없다는 추사의 속마음을 표현한 것이다. 추사 본래의 모습인 것이다. 예로부터 소나무는 지조를 상징하였는데 집안에 아기가 태어나면 금줄에 솔가지를 꽂아 두기도 하고 혼례식에서는 서로에 대한 변함없는 믿음의 상징으로 솔가지를 놓아 두기도 하였다.

초가집의 전체 구도를 보면 네모, 세모, 그리고 둥근 원으로 구성되어 있다. 원은 하늘을 네모는 땅을 뜻하며, 세모는 하늘과 사람이 합일되는 모습을 나타낸 것이다. 추사는 이 세한도에서 우주 만물의 이치를 예술적 작품으로 승화시킨 것이다.

  추사는 유배지인 제주도에서 자신이 기거한 초막에 '귤중옥(橘中屋)'이라는 당호를 붙이고 학문에 몰입하였다. 여기서 귤중옥이란 제자 이상적이 보여 주는 지극히 높은 의리를 잃지 않는 선비 정신과 바른 행실, 그리고 따뜻한 마음과 함께 추사의 이상향 세계를 표현한 것이다. 귤(橘)은 목(木)+율(矞), '과시(誇示)하다'의 뜻을 가졌다. 추사는 세상에 대고 마치 시위(示威)하려는 듯 유배지에서 자신이 거처했던 곳의 이름을 그리 지은 것이다.

세한도(歲寒圖)

쪽빛 하늘이 품으로 날아들고
사방의 맨땅을 걸어 보지만 나는 홀로 서 있다네
나보다 더 주인 됨이 없음을 알리는 삼각 깃발
내 하늘 아래, 내 땅 위에서 펄럭이는구나

권력이 성하여 채우려 해도 채워지지 않는 비움이
지위가 쇠하여 버리려 해도 버려지지 않는 비움이
노송(老松)의 빈속을 텅텅 치받듯 울리며
세상살이에 버거운 듯, 한 가지는 하늘 향해 뻗어 있고
다른 한 가지는 팔 베고 누웠구나

찬바람에 흔쾌히 마음을 내어 주고
엄동(嚴冬) 시하에 이내 몸 온전히 가두어야만
시선을 머물게 하는 신비함이 우러나던 것은
늙고 젊은 송백(松柏)이었구나

차가운 바람에 여느 나무의 마지막 잎사귀가
고개를 떨어뜨려 대지를 울리던 날 비로소
송백의 푸름을 아는 이들의 소리가
세상을 시끄럽게 흔드나니
마르고 거친 붓을 들어 절개(節槪)의 혼(魂)을 남기자
그림 속에 불던 잡새 바람이 어느새 자취를 감추었구나

한 번 죽고 한 번 살아 보니 사귀는 정(交情)을 알았고
한 번 가난하고 한 번 부자되니 사귀는 태(交態)를 보았으며
한 번 귀하고 한 번 천해지자 사귀는 정(交情)이 모두 드러난다는
적공의 글귀는 예나 다름없으나
귤중옥(橘中屋) 현판만이 주인 내실을 지키고 있구나

:: 추사가 제자 이상적에게 고마운 마음을 적은 편지(발문), 294자로 되어 있다.

#5. 발문(跋文)

　세력의 성하고 쇠하는 염량세태(炎凉世態) 속에서도 스승의 은혜와 제자의 도리를 모른 체하지 않은 제자 이상적에 대한 고마운 마음을 표현한 편지글이다. 그림만으로도 충분히 추사의 마음을 알 수 있는데 굳이 고마운 마음을 다시 한 번 글로 세세히 적은 것이다. 하늘에 떠 있는 별을 못으로 삼아 오래도록 걸어 두고 싶은 편지다.

추사의 가슴 깊은 곳에서 우러나는
편지(발문 跋文)

秋史 (추사)
추사 김정희의 대표적인 호다.
글자의 뜻대로
가을의 역사, 씨줄로 삼을 만하다.

去年以晚學大雲二書寄來 今年又以藕耕文編寄來 此皆非世之常有
거년이만학대운이서기래 금년우이우경문편기래 차개비세지상유

購之千萬里之遠 積有年而得之 非一時之事也
구지천만리지원 적유년이득지 비일시지사야

　　지난해에 자네가 계복(桂馥)의 『만학집(晚學集)』과 운경(惲敬)의
『대운산방문고(大雲山房文庫)』 두 책을 나에게 부쳐 주고, 올해에
도 하경우(賀耕藕)의 『황조경세문편(皇朝經世文編)』 120권을 보내

주었지. 바다 건너 유배지에 있는 나에게 이 많은 책을 보내 주는 일은 세상 밖의 일과 같네. 천만리 머나먼 곳에서 구한 서책이며, 여러 해 걸쳐야 가능한 일이지 한때의 일로 이루어지는 것이 아니잖겠는가?

且世之滔滔 惟權利之是趨 爲之費心費力如此 而不以歸之權利
차세지도도 유권리지시추 위지비심비력여차 이불이귀지권리
乃歸之海外蕉萃枯稿之人 如世之趨權利者
내귀지해외초췌고고지인 여세지추권리자

의당 세상에 그득 퍼져 흐르는 도도(滔滔)한 물결은 오직 권세와 이득만을 쫓아가려는 추세라. 그런 가운데에서도 마음과 힘을 쏟아 구한 이 귀중한 서책을 권력 있는 사람이나 이득을 안겨 줄 사람에게 주지 않고, 바다 밖의 초췌하고 파리하게 마른 내게 주는 것이 권세와 이득을 따르는 세상 사람들과는 다르구나.

太史公云 以權利合者 權利盡以交踈 君亦世之滔滔中一人
태사공운 이권리합자 권리진이교소 군역세지도도중일인
其有超然自拔於滔滔 權利之外 不以權利視我耶 太史公之言非耶
기우초연자발어도도 권리지외 불이권리시아야 태사공지언비야

태사공 사마천이 이르기를, "권세와 이익을 바라고 합친 자는 권세와 이익이 다하면 교분이 성기어 탐탁해 하지 아니하고 멀어진

다"고 하였는데, 그대 또한 도도히 흐르는 세상 흐름 속의 한 사람임에도 탁하게 흐르는 물 밖으로 스스로 초연해져 권세와 이익의 밖에 있으니 이는 나를 권세와 이익으로 보지 않는다는 것인가? 아니면 태사공의 말씀이 틀린 것인가?

孔子曰 歲寒然後 知松栢之後凋 松栢是貫四時而不凋者
공자왈 세한연후 지송백지후조 송백시관사시이불조자
歲寒以前一松栢也 歲寒以後一松栢也 聖人特稱之於歲寒之後
세한이전일송백야 세한이후일송백야 성인특칭지어세한지후
今君之於我 由前而無加焉 由後而無損焉
금군지어아 유전이무가언 유후이무손언

공자께서 말씀하시기를 "날씨가 차가워진 후에야 소나무와 잣나무가 시들지 않음을 알 수 있다"고 하셨다. 소나무와 잣나무는 본래 사계절 시들지 않는 것으로써, 날이 차가워지기 전에도 하나의 소나무와 잣나무요, 날이 차가워진 이후에도 하나의 소나무와 잣나무다. 성인은 특히 날씨가 차가워진 이후에 그것을 칭송하였는데, 내가 보는 자네는 세한(歲寒) 전(前)이라 해도 더함이 없고, 세한(歲寒) 후(後)라고 덜어 낼 게 없구나.

然由前之君 無可稱 由後之君 亦可見稱於聖人也耶
연유전지군 무가칭 유후지군 역가견칭어성인야야

聖人之特稱 非徒爲後凋之貞操勁節而已 亦有所感發於歲寒之時者也
성인지특칭 비도위후조지정조경절이이 역유소감발어세한지시자야

자네가 유배 전 보여 준 군자로서의 태도는 당연한 것이라 따로 칭찬할 것이 없지만, 유배 후 자네가 보여 준 군자로 말미암은 행동은 성인에게도 칭찬할 만한 것이 아니겠는가? 특히 성인이 추운 겨울의 소나무와 잣나무를 칭찬한 것은 시들지 아니하는 정조와 굳은 절개뿐만 아니고, 추운 시절에 따로 심적으로 느끼는 바가 있었던 것이다.

烏乎 西京淳厚之世 以汲鄭之賢 賓客與之盛衰
오호 서경순후지세 이급정지현 빈객여지성쇠
如下邳榜門 迫切之極矣 悲夫 阮堂老人書
여하비방문 박절지극의 비부 완당노인서

아! 전한 시대와 같이 순하고 후한 세상이라도 급암, 정당시처럼 어진 사람에게조차 성시(盛時)에 따라 빈객이 모였다가 사라지니 이 어찌 허망하다 하지 않겠느냐? 하물며 "일사일생(一死一生)에 교정(交情)을 알았고, 일빈일부(一貧一富)에 교태(交態)를 알겠으며, 일귀일천(一貴一賤)에 교정(交情)이 드러난다"고 대문에 써 붙인 적공(翟公)의 글씨는 세상인심이 야박하고 극에 달해 있음을 통탄하는 소리 또한 아니겠느냐? 슬프디 슬픈 마음으로 완당노인 쓰다.

추사 세한도 화발(畵跋) 내용 중 추사는 사마천이 한 말을 인용한다.

"권세와 이익을 바라고 합친 자는 권세와 이익이 다하면 교분이 성기어 탐탁해하지 아니하고 멀어진다."

이 말의 어원을 보면, 기원전 중국 춘추시대에 정(鄭)이란 나라에 여공(厲公)이란 자가 있었는데 간계로 형을 쫓아내고 왕으로 올랐다가 세력에 밀려 왕위에서 쫓겨나 변방에서 17년간 생활하게 된다. 그러나 왕에 대한 욕심을 버리지 못하다가 대부(大夫) 보가(甫假)를 사로잡게 된다. 이에 "만약 네가 나를 도와 왕위에 오르게 해 주면 죽이지 않고 중용하겠다"고 협박을 했다. 그러자 보가는 "자기를 믿고 놓아주기만 하면 당장 왕을 죽이고 여공을 맞이하겠다"는 맹세를 하고 풀려난다. 보가는 약속한 대로 왕과 그의 무리들을 죽이고 여공을 왕으로 맞이하지만 왕위에 오른 여공은 "너는 두 마음을 가진 자"라며 그를 죽이고자 했다. 이에 보가는 "은혜를 어찌 이리 갚을 수 있느냐?"며 소리쳐 보았지만 기다리는 건 죽음뿐이었다. 신의가 없고 어지러운 염량(炎凉) 세태를 통탄하면서 사마천이 『사기(史記) 정세가(鄭世家)』편을 기술할 때 평한 말이다.

추사는 세한도 발문 마지막 부분에 사마천의 『사기(史記) 급암, 정당시열전』편의 역사 논평을 다시 한 번 인용한다.

전한 시대 급암, 정당시처럼 어진 사람조차도 세력이 있을 때는 빈객이 문전성시를 이루다가 세력이 없어지자 흩어지던 부초(浮草) 같은 세상의 인심을 탄식한다. 하규현에 적공(翟公)이란 사람이 있었는데 정위라는 높은 벼슬에 오르자 많은 빈객들로 몸살을 앓았다. 그러나 벼슬을 잃자 찾아오는 이가 없다가 다시 또 정위 자리에 오르자 빈객들이 다시 몰려들기 시작하였다. 작금(昨今)의 이러한 야박한 인심에 염증을 느낀 적공은 대문에 큰 글씨로 다음과 같이 써 붙였다고 한다. "한 번 죽고 한 번 살아 보니 사귀는 정(交情)을 알았고, 한 번 가난하고 한 번 부자 되니 사귀는 태(交態)를 보았으며, 한 번 귀하고 한 번 천해지자 사귀는 정(交情)이 모두 드러났다". 이 또한 다를 바 없구나. 슬프도다!

추사는 두 번씩이나 사마천이 한 말을 인용하였다. 이는 혼탁한 시대를 살다 간 사마천과 자기 자신이 처한 위치를 비교하면서 사마천이 사기(史記)를 집필해야만 했던 이유와 완당 김정희가 추사체를 완성하고자 했던 이유가 다르지 않다는 것을 보여 주려 한 것이다.

사마천이 살았던 그 당시 '이릉'이라는 뛰어난 장수가 있었는데, 그는 오천 명의 보병 부대를 이끌고 흉노족 정벌에 나섰다가 팔만이나 되는 기마 부대에 포위되어 끝까지 투쟁하였지만 부상을 당하고 흉노족의 포로가 된다. 한나라 조정에서는 한나라의 장수가 수치스럽게도 포로로 잡혔다며 거친 비난을 했다. 그러나 사마천은 이릉이 그렇게 비겁한 장수가 아니라고 변호하다 '무제'의 노여움을 사는 불경한 죄로 감옥에 갇힌다. 1년이 지나자 사마천에게는 세 가지 형벌 중 하나를 골라 처형될 수 있는 권리가 주어진다. 첫째 법에 따라 처형당하는 것, 둘째 죽음을 면하는 대가로 돈 50만 전을 낼 것, 셋째 궁형(宮刑)을 감수하는 것이었다. 물론 사마천은 두 번째 방법을 선택하고 싶었지만 수중에 그만한 거액이 있을 리 없었다. 죽음을 당하느냐 구차하게 목숨이나 부지하며 사느냐 기로에 선 사마천은 마지막 방법을 택함으로써 궁형, 그러니까 남성의 생식기를 자르는 천형(天刑)을 받는다. 거세를 당했던 것이다. 당시 궁형을 당한 지식인들 대부분은 부끄러운 수치심을 견뎌 내지 못하고 자살을 했다. 그러나 사마천에게는 남성으로서의 치욕과 성적 모멸감을 감내하며 살아남아야 하는 이유가 있었는데 그것은 아버지 '사마담'의 유언을 저버리지 않고 지켜 내기 위함이었다. 이는 역사서를 기술하기 위한 생존이었으며 그 생존 이유를 실현시킴으로써 결코 비겁하지 않은 선택이었음을 증명한 것이다.

"우리 가문은 대대로 천문을 관측하고 역학에 관한 여러 가지 법을 개정하며 황제의 측근에서 역사적인 사건을 기록해야 하는 역사가 집안으로서 꼭 이루어야 할 일이 있다. 그것은 후세에 길이 남을 역사서를 저술하는 것이다. 내가 미처 이루지 못한 과업을 네가 반드시 완성해 주길 바란다."

"아버님의 역량과 의지에 비하면 비록 보잘 것 없는 소자지만, 아버님께서 하시던 일을 이어받아 후세 사람들이 알아야 할 역사적 사건들을 한 치의 착오도 없이 사실에 준하여 기록하도록 하겠습니다. 반드시 후세에 길이 남을 역사서를 만들겠으니 지켜봐 주십시오."

사마천은 궁형을 당해 피가 뚝뚝 떨어지는 국부를 움켜쥐고 어금니를 꽉 깨물어 이빨까지 부러지는 아픔을 견뎌 내면서도 머릿속으로는 아버지의 유언을 떠올렸을 것이다. 내 반드시 역사서를 완성하고 말리라. 정의로운 삶에 가치 중심을 두었던 사마천은 육신의 고통과 울분과 좌절을 뛰어넘어 불후의 역사서인 사기를 집대성한다.

추사는 치욕적인 궁형(宮刑)을 당하면서도 역사서를 완성한 사마천을 정신적 스승으로 생각하고 외딴 섬에서의 유배생활을 오히려 반면교사(反面敎師)로 삼았다. 학문에 몸을 담고 있는 사람들에게는 쉬이 잊히지 않을 전설이 된 사마천의 삶에서 추사는 그의 학문적 열정과 선비적 인격을 배우려 했을 것이며 사마천이 학문을 통하여 보여 준 것처럼 자신의 유배생활도 결코 헛되이 보내지 않겠다는 비장한 각오도 했을 것이다.

이상적의 감동 어린 답장과 청나라
명사들의 찬사

스승께서 제자인 저에게 당대 최고인 그림과 글씨로써 한 몸에 칭찬하고 인정까지 주셨으니 이 얼마나 기쁜지 모릅니다.

이상적은 세한도를 받고 감동의 답 글을 올린다.

스승께서 보내 주신 세한도 한 폭을 정갈히 펴 놓고 무릎 꿇고 엎드려 읽습니다. 저절로 흘러내리는 눈물조차 알지 못하고 읽고 또 읽었습니다. 어이 그다지도 제 분수에 넘치는 칭찬을 하셨습니까? 스승님이 느끼시는 감개(感慨)가 그토록 무량하고 절실하셨는지요. 세상에 도도히 흐르는 권세의 이득을 따르거나 따지지 않고 초연히 빠져 나올 수 있는 건 순전히 저의 변변치 못한 구구(區區)한 마음을 따르고자 했을 뿐입니다. 스승님을 대하는 제 마음 하나

편하자고 한 것뿐 다른 뜻은 없습니다. 비유하자면 몸을 깨끗이 지니는 선비와 같은 서책은 어지러운 권세가 판을 치고 이득을 좇는 세상과는 걸맞지 않은 까닭에 저절로 맑고 시원한 자기 자리를 찾아간 것뿐입니다. 이번 연경에 들어가는 사신의 행차에 이 그림을 가지고 표구를 한 다음, 오래 전부터 서로 마음이 통하는 벗들에게 두루 보이고 시문을 청하려고 합니다. 다만 한 가지 염려되는 것은 스승님이 세한도에서 저를 칭찬하신 것처럼 이 그림을 보는 사람들이 제가 정말 속세에서 벗어나 세상의 권세와 이득으로부터 초월한 것으로 안다면 그 과함에 이 어찌 부끄럽지 않겠습니까?

역관이었던 이상적은 이듬해 시월 연경을 방문하는 동지사를 수행하게 되자 세한도를 짐 속에 소중히 간직하고 간다. 그리고 선비들만 모이는 자리를 줄곧 엿보았지만 여의치 못하다가 그 이듬해 정초에서야 연경의 학자 '오위경(吳偉卿, 이름은 찬[贊])'이 베푸는 연회에 초대받게 된다. 이상적은 오랜 친구 또는 새로운 문인들과 서로 가슴속에 품은 생각을 털어놓고 문장을 이야기하고 시문을 노래하면서 분위기가 어느 정도 무르익게 되자 세한도를 내어 보이며 소리 높여 외친다.

"모두 이 그림을 봐 주십시오. 제 스승님은 여러분이 너무나 잘 아시는 추사 김정희 선생님이십니다. 당대의 최고로 추앙받는 스승님의 그림과 글씨를 제가 한 몸에 받았으니 죽어도 여한이 없습니다. 그러나 스승님은 지금 제주도에서 오 년째 유배생활을 하고 있습니다. 유배생활 중 스승께서는 나태함을 경계하기 위해 사마천의 삶을 본보기 삼아 추사체 완성에 온 힘을 기울이고 있습니다. 세한도 발문에 쓰여 있는 것처럼 서책을 보내 드린 저의 보잘것없는 태도에 크게 감격해할 정도로 힘들어 하고 지쳐 있습니다. 이 그림과 글을 보시고 외로운 섬에 계신 제 스승께 위안이 될 수 있는 글귀 한 구절씩만이라도 적어 주십시오. 이것이 저의 뜻입니다."

그곳에 모인 16명의 명사들은 한눈에 세한도에 담긴 크고 깊은 메시지와 작품성에 반한 것은 물론이거니와 두 사제지간의 끈끈한 인연에 마음을 놓아 버린 듯 고개를 끄떡이고 있었다. 사람이 살아가면서 수많은 인연을 맺고 살아가지만 스승다운 스승을 만나는 일이 가장 힘들고 어려운 인연이기에 이를 단연 최고로 꼽는데 세한도에 담긴 스승의 면면을 접한 사람들 모두 탄복을 하며 두 사제지간의 정을 기리는 송시와 찬문을 다투어 써 내려갔다.

:: "세상을 등져 마음 번거로움이 없다(遯世無悶)"는 생각으로 추사의 뜻을 엿보며 장악진(章岳鎭)이 써 내려간 찬문(讚文)이다.

#1. 양호(陽湖) 장악진(章岳鎭)이 '세상을 등져 마음의 번거로움이 없다(遯世無悶)'는 생각으로 추사 옹의 뜻을 엿보며 찬문(讚文)을 쓰다

하물며 도(道)라는 것도 성하고 쇠하는 시류를 타는데, 때를 만나는 것 또한 순탄할 때와 험난할 때가 있다. 이것은 하늘의 뜻인지라, 사람의 힘으로 마음대로 할 수 있는 바가 아니다. 도가 성하다고 해서 따라서 성하고 도가 쇠하다고 해서 따라서 쇠하는 것은 사람의 일이지, 하늘이 정해 주는 바가 아니다. 대대로 내려오는 말씀

사제의 정(情)—세한도 233

에 의하면 "하늘은 사람이 추위를 싫어한다고 해서 겨울을 없애지 않고 자고로 군자는 세상이 어지럽고 혼탁하다고 하여 그 품행을 바꾸지 않는다(天不爲人之惡寒而輟其終 君子不爲世之闇濁而改其行)"라고 했다. 그러나 어찌 품행뿐이겠는가! 오히려 그 품행을 더 단단히 지키고, 단단히 지키고 나서야 성할 수도 있고 쇠할 수도 있고 순탄할 수도 있고 험난할 수 있는 것이다. 나아가고 물러가고 살고 죽을 때를 알아서 바름을 잃지 않는 자, 그것은 오직 군자가 아니겠는가(知進退存亡而 不失其正者 其惟君子乎). 군자의 길은 순조롭기도 하고 뜻대로 되지 않을 수도 있지만 권력이나 이득 따위에 개의치 않고 바른 바를 견지하는 것이다.

공자께서 "날이 추워진 후에야 송백이 시들지 않음을 안다"는 말씀을 하신 것은 평소에 아무리 송백의 기상처럼 절조를 지키고 있어도 추운 겨울을 겪지 않으면 곧은 절개를 가진 인재를 알아보지 못하는 세태가 슬프고 안타까워 말씀하신 것이다. 추운 겨울이 되어야 비로소 나타나는 송백의 푸름이나 절조는 그냥 만들어진 것이 아니다. 보통 나무나 풀들은 추운 겨울을 겪어야 비로소 송백의 절개를 가져 보려 하지만 본디 절개가 없음을 어찌하랴. 사람이 군자가 되기 위해 필요한 송백의 지조와 절개를 배우려면 추위가 오기 전에 미리 준비해야 할 것이다. 절개란 스스로 가다듬고 높이 세우다가도, 경계를 늦추거나 한번 삼가면 그 뜻이 변한다. 군자가 절조를 높이 세워야 된다는 말은 옛사람을 우러러 사모하라는 것이 아니라 삼가고 신중함을 가려 스스로 굳게 지켜야 한다는 뜻이다. 세상을 아래로 얕보란 말이 아니라, 절조의 덕목인 굳게 지키는 절개와 지조 중 하나라도 잃는다면 일반 초목과 다를 바 없으니 두려움을 가지란 말이다.

　소나무와 잣나무가 산속 깊은 곳에 외롭게 서 있어도 고독함을 느끼지 않는 것은 장차 때를 기다림이요. 목수가 재목으로 찜하지 않는 것은 세파(世波)에 젖지 않는 자연 그대로의 옛 모습을 보전하여 사시(四時) 내내 푸르고자 함이라. 겨울을 지내는 것은 여느 풀과 다르지 않고 여러 겨울 지나도 푸르기는 마찬가지이며, 세상이 알아주어도 송백이요 알아주지 않아도 또한 송백이다. 딱히 추운 날 홀로 푸른 절개를 보이는 것을 즐기는 바 아니지만, 그 절개를 알아볼 수 있다고 깊이 안다 말할 수는 없을 것이다.

#2. 반희보(潘希甫)의 찬문(讚文)

   尺幅雲林筆 來從萬里船 척폭운림필 내종만리선
   冬心高士傳 神物太平年 동심고사전 신물태평년
  한 폭의 그림이 만 리도 넘는 뱃길을 따라왔구나
  높으신 이의 외롭고 처량한 겨울 마음을 담아냈는데도
  오히려 무사하고 평안한 기상이 들어 있어 신령스럽구나

   岩壑材難棄 冰霜節愈堅 암학재난기 빙상절유견
  바위틈에서도 하늘이 내린 재능은 버리기 어렵고
  모진 서리 속에서의 절개는 오히려 굳세구나

   賞音寄絃外 珍重海山顚 상음기현외 진중해산전
  마음의 소리를 부치노니 눈 감고 감상하시고
  외롭고 힘들더라도 보배스런 귀중함 보전하길 바라노라

 송백이 구름 속에 가득 차고 정갈한 필치가 먼 뱃길을 따라왔구나!
 바위 골짜기에 묻혀 있는 기개 높은 선비를 재목으로 알아보지 못하는 어리석음이여! 된서리 맞아야 곧은 절개 나타나니 그때를 맞추기 어렵구나!

:: 세한도에 붙어 있는 반희보의
찬문(讚文).

　　세한도의 송백을 우러러 감상하고 발문(跋文)의 높은 뜻에 감복하면서 서투른 찬문을 부끄러이 여기고 글을 올립니다.

#3. 다마산인(茶磨山人) 반준기(潘遵祈)의 찬문(讚文)

淵明賦松徑 坡仙詠柏堂　　연명부송경 파선영백당

　진(晉)나라 도연명은 소나무의 절개와 지조를 읊었고

　송(宋)나라 소식(蘇軾)은 소동파의 고독한 산의 덕목(柏堂)을 노래했네

凡卉自榮落 晚節堅益彰　　범훼자영낙 만절견익창

지천에 널린 풀들은 계절 따라 피고 진 다음에야

만년의 절개 굳게 밝게 드러내는구나

新圖萬規箴 久要在不忘　　신도만규잠 구요재불망

신선한 그림에 세상의 원칙 하나의 울타리로 삼고

옛사람이 존중, 잊지 말라는 뜻이 담겨 있네

經師釣鰲手 琅環祝瓣香　　경사조오수 랑환축판향

放筆爲直幹 結交多老蒼　　방필위직간 결교다노창

　원대한 포부와 호방함을 지닌 조오수(釣鰲手)를 스승으로 삼아 빼어난 절경을 지닌 랑환(琅環)으로 변함없는 존경을 보냈더니 붓을 들어 그려 보낸 그림 속에 늙고 연로하지만 품위 있는 소나무가 곧게 뻗은 잣나무에 어깨를 기대었구나.

乞補一卷石 袖中東海藏　　걸보일권석 수중동해장

바라건대 내가 쓴 보잘것없는 글도 소매 속에 넣어 가

같이 보관해 주었으면 하네

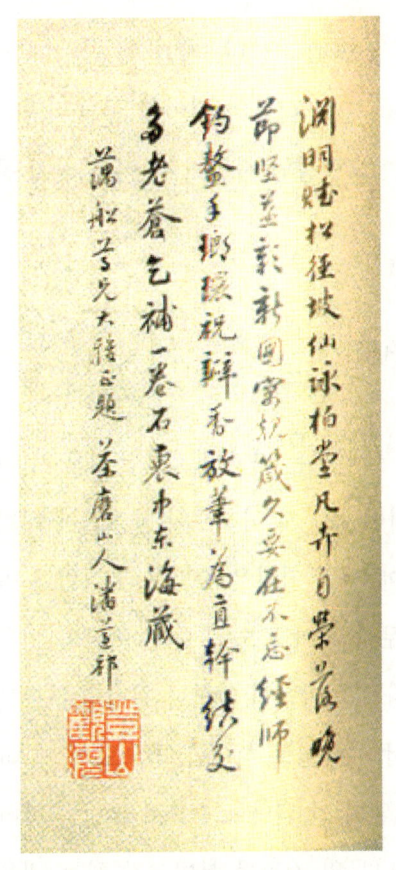

:: 세한도에 붙어 있는 반준기의 찬문(讚文)

반준기는 세한도를 감상하면서 포부가 원대하고 호방하여 얽매임이 없는 조오수(釣鰲手)를 스승인 추사로, 전설상의 선경(仙

境)을 지닌 랑환(瑯環)을 유배지인 제주도로 비유하면서 '제자 우선이 어려움에 처해 있는 스승을 변함없는 존경으로 섬기자 스승인 추사는 거친 붓을 빼들어 곧은 줄기를 가진 잣나무(제자 우선)에 늙고 연로한 소나무(스승 추사)가 어깨를 기댄 것'으로 올곧은 스승과 제자 간의 관계를 칭송(稱頌)한다. 거친 붓을 들어 곧은 줄기 부침은 늙은이의 손을 빌린 하늘의 짓이었구나! 바람처럼 말하는(言風) 송백의 언어는 오랫동안 사귀어 온 이를 잊지 못하는 것 같다.

#4. 조진조(趙振祚)의 찬문(讚文)

굴원(屈原)이 귤송(橘頌)에 "귤나무는 타고난 성품을 바꾸지 아니하고 뿌리 또한 깊고 단단하여 옮기기 어려우니 한결같이 지키는 마음을 지녔구나! 푸른 잎에 서린 기상은 송백을 부끄럽게 만들고 마음을 굳게 닫고 홀로 우뚝 서서 도도(滔滔)한 속세와 어울리지 않도다. 덕을 지니어 사사로운 마음이 없으니 천지의 부름을 받았구나. 행실은 백이 같아서 사람들로 하여금 법으로 삼게 하고, 내 비록 남아 있는 수명은 얼마 안 되나 스승으로 본받을 만하네"라고 이르렀다. 굴원이 귤나무의 지조를 본받고자 하는 내용이나 공자가 송백의 기개를 높이 우러른 것이 어찌 다르다 할 수 있겠는가! 귤을 찬미한 자는 뿌리 깊어 옮기려 하지 않는 것을 칭찬한 것이고 송백을 찬미한 자는 곧은 기상을 기뻐한 것이니 이 모두 감탄할 만하다.

　　　后黃降種 因才篤兮　　후황강종 인재독혜
　　　巖阿岑崟 在所託兮　　암아잠음 재소탁혜
　　　霜葉零瘁 夸條沃兮　　상엽령췌 과조옥혜
　　　堅貞不改 德如玉兮　　견정부개 덕여옥혜

본디 하늘이 낸 인물이라 재주가 지극히 남과 달라
험준한 바위 봉우리에 제자리를 의탁했네
서리 맞은 잎들이 비 오듯 떨어져도 가지는 풍치는 소리를 내고
굳고 곧은 절개 변하지 않으니 그 덕은 옥과 같구나

　　　受命大造 惟其無曲兮　　수명대조 유기무곡혜
　　　春風初來 若相競兮　　춘풍초래 약상경혜
　　　夫於抗衝 靜以正兮　　부어항충 정이정혜
　　　蟉蟠鐵屈 時爲枋兮　　류반철굴 시위방혜

하늘이 낸 명이라 유독 굽힐 줄 모르고
봄바람이 불기 시작하자 서로 잘난 절개를 다투는구나
서로 돕고 기대어 맞서서 고요하기 때문에 반듯할 수 있고
쇠를 구부리듯 굼틀 서린 기운이 돌 때야 나무라 이를 수 있다

空山峨峨 眇不可徑兮　　공산아아 묘불가경혜

偃格夭矯 芳難贈兮　　언격요교 방난증혜

翠蓋層結 理踈順兮　　취개층결 이소순혜

文禽不巢 憎其爲峻兮　　문금부소 증기위준혜

빈산은 높고 험준해서 눈을 지그시 감아도 보이지 않고

누워 뛰어오르는 모양이라 향기를 주지 못하는구나

층층이 쌓인 비취색 솔잎들은 가지마다 공간이 튀어 있어

자기 몸이 드러날까 두려운 산짐승 둥지를 틀지 못하는구나

文章不露 知所重兮　　문장부로 지소중혜

楨幹千年 終得所用兮　　정간천년 종득소용혜

至人無悶 高山仰兮　　지인무민 고산앙혜

穆羽淸濁 和鳳皇兮　　목우청탁 화봉황혜

추사의 문장이 사라지는 이슬로 비유되지 않는 것은

귀중함을 알기 때문이며

인재(楨幹-정간)는 천 년이 지난 후에야

마침내 쓰일 데를 찾게 되고

도덕적 소양이 극에 오른 사람만이

번민 없이 높은 산을 우러러 보며

맑고 탁함을 온화하게 만들고 상서로운 기운도

조화로이 다스릴 수 있다

彈琴其下 樂先王兮　　　탄금기하 낙선왕혜

明告君子 度無以尙兮　　명고군자 도무이상혜

種棘得棘棘 種桃獲桃實　종극득극극 종도획도실

西風一飄蕩 美惡同衰歇　서풍일표탕 미악동쇠헐

그 아래서 거문고를 타고 선왕의 도를 즐겨 보자

이제 군자의 도리 명백하게 고(告)했으니

더 이상 높여 소중히 여길 것이 없구나

멧대추나무 심어 대추 얻고 복숭아나무 심어 복숭아 얻지

서풍이 한번 휘몰아치면 아름다움도 악함도 함께 쇠하여 사라지네

森森百木長 秉性自矜別　　삼삼백목장 병성자긍별

名材足大夏 嘉蔭到遐室　　명재족대하 가음도하실

恒人競華秀 君子崇本質　　항인경화수 군자숭본질

樹無百年計 豪擧誠何益　　수무백년계 호거성하익

所以魏公子 獨擅龍門筆　　소이위공자 독천용문필

수풀 속에 우뚝 선 나무는 자긍심과 분별력을 타고났고

이름 있는 재목은 큰 집을 짓기에 족하며 경사스런 기운은

멀리 떨어진 이곳까지 미치네

평범한 사람들은 화려함과 빼어남을 다투지만

군자는 본질을 숭상하네

나무도 백 년을 기약 못하는데

기개 좋은 거사인들 무슨 소용 있겠는가?

때문에 위공자*가 용문필**을 독점하고자 했느니라

(추사의 군자 됨을 위공자에 견주어 사마천의 사기에 신릉군열전으로 등재되어 있음을 비유하여 표현한 것.)

:: 세한도에 붙어 있는 조진조의 찬문(讚文).

조진조는 전국시대 초나라 문인이었던 굴원의 귤송을 빌어 추사의 지조를 찬탄한다. 끝끝내 한자리를 지키는 귤나무를 통해 권세와 이익에 따라 부초처럼 움직이는 세상의 흔들림을 질타하고 백이와 숙제처럼 굽히지 않는 원칙과 정신을 부각시켜 세한도의

---

* 魏公子 : 위(魏)나라 소(昭)왕의 아들로 신릉군(信陵君)으로 봉(封)해 진다.
** 龍門筆 : 사마천의 붓

송백 정절을 칭송하고 있는 것이다. 더불어 조진조는 추사의 고귀한 뜻을 받들고 넓혀 위에서와 같이 자기의 마음을 글로 나타내며 우선의 질정(叱正)을 구하고 있다.

#5. 해우(海虞) 오찬(吳贊)의 찬문(讚文)

林木似名節 松柏有本性　　임목사명절 송백유본성
숲속의 나무를 보면 명예와 절개가 느껴지는 것은
소나무와 잣나무가 그 본성을 타고났기 때문이다

君子窮益堅 不容復何病　　군자궁익견 불용복하병
군자는 어려움을 만났을 때 더 굳세지고
궁함에도 굽히지 않으니 그 어떤 마음의 병도 없구나

榮枯亦偶然 豈與凡卉競　　영고역우연 기여범훼경
군자가 영화롭거나 곤궁에 처하는 것 역시 우연인 것을
어찌 사사로이 범속의 풀들(凡卉)처럼 다투라 말하는가

時邁霜雪嚴 氣得天地正　　시구상설엄 기득천지정
때때로 혹독한 서리와 눈을 만나
하늘과 땅의 바른 정기를 얻네

傳習後彫心 希賢以希聖　　전습후조심 희현이희성

우연히 시드는 마음이 생기면

송백의 절개를 전하고 익혀서 성인이나 현인처럼 살리라

:: 세한도에 붙어 있는 오찬의 찬문(讚文).

　　세상을 향한 끊어진 마음이 조각들로 갇혀 아무것도 할 수 없었던 추사의 마음을 읽었던 것일까?

　　오찬은 허리를 펴고 추사가 있는 외딴 섬이 있는 방향을 가늠해 보고는 두 눈을 지그시 감고 두 손을 모아 예를 표한다. 알아주는 이 없는 고독한 땅에서 바람 부는 소리만 들릴 뿐 적막하기만 하다. 이내 말 우는 듯 환청이 들뜨더니 쇳소리가 들린다. 먹물 가득 머금은 붓이 한지를 가르는 소리다. 얼마나 힘이 넘치는 붓질이기에 그대로 소리로 투영된다 말인가. 다시 한 번 머리를 조아릴 뿐이다.

#6. 반증위(潘曾瑋)의 찬문(讚文)

金君海外英 夙昔聞盛名　　김군해외영 숙석문성명
盛名毀所歸 輒爲世網嬰　　성명훼소귀 첩위세망영
추사의 훌륭함과 영민함에 대해서 일찍이 들은 바 있으나
그 명성이 시기를 당해 그만 세속의 그물에 걸리고 말았구나

滔滔視流俗 誰知士之淸　　도도시유속 수지사지청
慨念風塵中 早識賢友生　　개념풍진중 조식현우생
도도하게 흐르는 세속의 꼬락서니를 보아하니
그 누가 선비의 청정함을 알아보겠는가
비바람에 날리는 티끌 속에서 현명함을 찾다가
일찍이 지조를 지킬 줄 아는 현인의 지기를 만났구나

高誼篤終始 歲寒無渝盟　고의독종시 세한무투맹
如彼松與柏 本性同賢貞　여피송여백 본성동현정
貌此後彫質 用以答厚情　모차후조질 용이답후정

사제 간의 두터운 의리는 처음이나 끝이나 차이가 없고
어려운 환경에서조차 약속을 깨뜨린 적 없구나!
저 소나무와 같은 잣나무도 타고난 본성이 굳기는 마찬가지라
한기(寒氣)를 만나 시든 후에 나타나는 절조의 모양에
정성어린 답을 써 두터운 정에 화답하노라

∷ 세한도에 붙어 있는 반증위의 찬문(讚文).

추사! 일찍이 영민하고 준수(英俊)한 동방의 선비로서 이름 드높도다. 재주 뛰어 남에는 모방과 헐뜯는 시기심이 따르기 마련이라 세상의 도도(滔滔)한 그물에 걸리기 십상이다. 추운 겨울이 와도 변치 않는 굳은 절개뿐 아니라 사람들이 부러워하는 것은 일찍이 어진 벗을 가까이하고 선비의 정을 두터이 했기 때문이리라. 스승과 제자 보기가 저 송백의 본성을 그대로 닮아 있구나! 푸름의 시듦이 맨 나중이기에 뜨거운 가슴으로 예를 표한다.

#7. 진경용(陳慶鏞)의 찬문(讚文)

　　　　大樹百根 常茂不落　　대수백근 상무불락
　　　　芳聲後時 因摧受福　　방성후시 인최수복
　　　　數被嚴霜 不改柯葉　　수피엄상 불개가엽
　　　　和氣所居 無所不得　　화기소거 무소부득

　　커다란 소나무와 잣나무에 잎은 무성하나 떨어지지 않고
　　솔향기 다한 가지의 부러짐은 복 받는 울림이로다
　　여러 번 모진 서리 맞아도 가지와 잎의 기상은 예나 같고
　　오히려 온화한 기운 서려 있어 못 이룰 게 없도다

　품위 있는 풍채와 균형감 있는 높이, 앞선 것에 맞게 뻗치는 뿌리는 앞서 다투거나 위로 올라서지 아니하도다. 된서리 내리고 찬

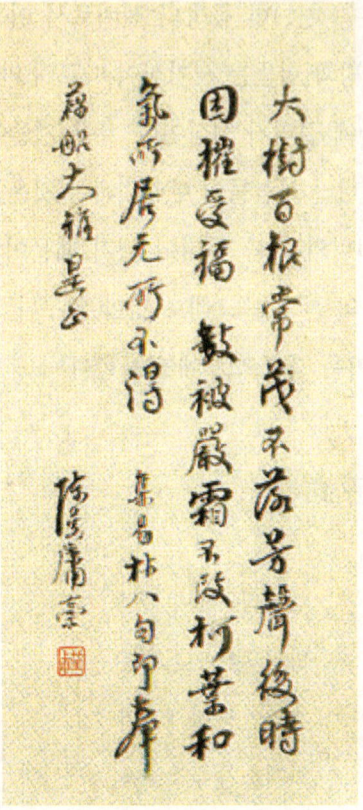

∷ 세한도에 붙어 있는 진경용의 찬문(讚文).

바람 맞아도 가지의 붉음과 잎의 청청함은 변치 않고, 사시(四時) 푸름만 남기더니 제 기운 다한 가지 꽃다운 소리로 부러지누나. 복 받은 울림이로다. 화창한 기운이 이미 와 있는데 못 이룰 게 무엇이더냐?

#8. 요복증(姚福增)의 찬문(讚文)

維木挺奇節 伊人懷貞蕤　　유목정기절 이인회정유

나무가 지닌 기이한 절개와 지조를 담아내다니

이 사람은 마음을 굳게 지키는 꽃인가 한다

身世託遐想 繪此歲寒姿　　신세탁하상 회차세한자

멀리 있는 사람에게 심신을 의탁하였으나

변치 않는 지조와 절개는 세한도에 남았구나

海外節物同 甄陶仰大儀　　해외절물동 견도앙대의

중국에도 절기마다 나는 물건이 같고

대의(大儀)를 우러러 받들며 이끄는 것 또한 한가지로세

亦有凡草木 爭美及芳時　　역유범초목 쟁미급방시

芳時一以歇 百卉靡然萎　　방시일이헐 백훼미연위

凌競氷霜中 辛苦强自至　　능경빙상중 신고강자지

무릇 초목 역시 서로 꽃을 피울 때는 아름다움을 다투지만

꽃 필 적 우쭐거림은 잠시이고 시드는 것 또한 한순간이지만

얼음과 서리가 몰아치는 추위 속에서

쓰디쓴 고통을 스스로 지켜 내는 송백이여

遭逢有早暮 勿慮無人知　　조봉유조모 물려무인지
相悅松與柏 百歲以爲期　　상열송여백 백세이위기

때를 만나는 것도 이르고 늦음이 있으니
알아주는 사람이 없다고 염려하지 말고
소나무나 잣나무처럼 서로 기뻐한다면
백 년을 기약해 봄도 좋지 않은가

:: 세한도 붙어 있는 요복증의
찬문(讚文).

요복증은 세한도 그림을 한동안 들여다보더니 송백의 솔잎에 코를 대고 냄새를 맡아 본다. 향기가 나지 않는다는 것을 알면서도 굳이 코를 가까이 가져가 보는 것은 꽃을 피워야 비로소 풍기는 향기보다 사시(四時) 내내 지켜 내는 솔잎 향기가 그림 속에 배어 있음을 몸짓으로 표현하고 있는 것이다. 그림 속에서 풍기는 솔향기가 마음의 향기로까지 번진다.

#9. 오순소(吳淳韶)의 찬문(讚文)

　　　　偶然點流到寒林　　　우연점류도한림
　　　　尺幅分明左右箴　　　척폭분명좌우잠
　　　　우연히 그림 속을 살펴보다 한기(寒氣) 감도는 나무에
　　　　저절로 눈길이 머무는 이 한 폭의 그림은
　　　　어디에라도 손색이 없는 잠언(箴言)이 분명하다

　　　　今日坡圖頻想像　　　금일파도빈상상
　　　　高人節摻古人心　　　고인절섬고인심
　　　　오늘 이 그림을 틈틈이 상상해 봐도
　　　　높으신 이의 절조는 옛사람의 귀한 마음 그대로다

　　　　越經霜雪越靑葱　　　월경상설월청총

如此堅貞孰與同　　여차견정숙여동

모진 서리와 눈을 맞을수록 푸름 더하는

이 굳세고 곧은 절개는 누가 있어 더불어 견줄 수 있으랴

堪咲紛紛桃李艶　　감소분분도이염

只知披拂伏春風　　지지피불장춘풍

어지러이 분분한 복사꽃 오얏꽃의 요염한 자태는

단지 봄바람에 기대어 살랑거릴 줄만 알아

우습고 우스워 견디기 어렵구나

:: 세한도에 붙어 있는 오순소의 찬문(讚文).

메마르고 거친 붓질은 누구를 위한 몸짓인가? 붓 끝에 살아 있는 눈빛은 누구를 향한 절개인가? 한지(韓紙) 위 한 방울의 먹물로 추운 겨울을 그려 내어 혼란스러운 세상 잠재우고, 송백의 굳세고 곧은 자태로 일갈(一喝)을 가한다. 그들을 향한 침묵은 누구를 위한 시(詩)인가? 세상을 향해 훈계하고 경계가 되는 깊은 울림 짧은 소리가 이 세한도 속에 들어 있다. 추사는 다만 한 번 큰 소리로 꾸짖을 뿐이다.

#10. 양계(梁溪) 주익지(周翼墀) 찬문(讚文)

名節由來貴自持　　명절유래귀자지
苦心何必定人知　　고심하필정인지
명예와 절조(名節)를 귀히 여겨 스스로 지키려 하는데
하필이면 고뇌하는 마음까지 사람들이 알아보네

參天黛色凌雲氣　　참천대색릉운기
正在空山寂寞時　　정재공산적막시
창공으로 뻗는 눈썹 같은 검은 먹의 필치로
하늘을 가리는 구름 같은 무리들 가벼이 무시하고
적막하고 호젓한 빈산에 오롯이 앉아 있네

寄跡巖阿歲月深　　기적암아세월심
高人氣節自森森　　고인기절자삼삼
바위에 기대어 보낸 세월은 아득하지만
높으신 이의 기상과 절조는 드넓게 퍼져 있구나

若非歷盡氷霜劫　　약비역진빙상겁
那識陽和天地心　　나식양화천지심
만약 서릿발 같은 인고의 시간이 없었다면
밝고 따뜻한 하늘과 땅의 마음을 어찌 알리요

　절개란 스스로 가지려 해야 그 정신이 깃든다. 마음 씀씀이에도 관계된 까닭이 있어 굳이 알리려 애쓰지 않는 게 절개다. 그러나 절개 있는 사람이 곤경에 빠지게 될 때 또는 그 절개를 뒤흔들 만한 검은 기운이 접근할 때 비로소 그 사람의 절개는 드러나게 된다.
　제주도로 유배된 세월이 깊어 갈수록 추사는 스스로 질서를 바로 세우고 무서우리만큼 매우 엄숙하며 범하기 어려운 모습을 보인다. 만약 이와 같이 얼음이 얼고 서리가 내리는 풍상의 세월을 겪지 않았다면 어찌 이 사제지간의 다감하고 진솔한 마음을 알 수 있었을까! 동풍(凍風)이 불 때 굳이 널리 알리는 까닭이 되는 것이다. 하늘이 내린 마음이다.

名節由來貴自持 苦心何必定人知 參天大质
凌雲氣正在空山 寂寞特寄跡巖阿 歲月深高
人氣節自森 / 豈非處畫米霜叔那識陽秋
天地心 乙巳孟春 藕汄周達 題贊
滿船等元大雅是正

:: 세한도에 붙어 있는 주익지의 찬문(讚文).

#11. 장수기(莊受祺)의 찬문(讚文)

東海之隅 大荒之山　동해지우 대황지산
云有靈木 嘉遯人寰　운유영목 가둔인환

바다 건너 머나먼 동방의 산에 신령스런 나무가
인간 세상의 추태를 피해 기쁘게 달아나 있구나

霜雪滋護 風雲往還　상설자호 풍운왕환
旣堅厥性 彌榮厥顔　기견궐성 미영궐안
識爲棟梁　　　　　　식위동량

된서리와 눈이 내리쳐 스스로 이겨 내어도
바람과 구름만이 그 위를 의연히 지날 뿐이로세
능히 굳세고 의연한 본래 모습 잃지 않았으니
한 나라를 맡아 다스릴 만한 인물임을 알겠구나

誰石與班 老之巖阿　수석여반 노지암아
絶授與攀 匪材之湮　절수여반 비재지인
而遇之艱　　　　　　이우지간

비록 돌과 이웃하고 바위 언덕에서 늙어 가며
세상 인연 완연히 끊고 살지만
재주와 능력이 비천해서가 아니라

어려운 때를 비껴가지 못했기 때문이리라

留此終古 以勵懦頑　유차종고 이려나완

이 그림을 오래도록 남겨

마음이 나약하거나 미련한 이들에게

본보기가 되게 하리라

:: 세한도에 붙어 있는 장수기의 찬문(讚文).

모질고 차가운 바람이 불면 한낱 화려함과 아름다운 자태만을
뽐내던 꽃들은 자취를 감추고 커다란 그늘을 만들던 무성한 잎들

사제의 정(情)—세한도

은 떨어져 차가움의 전후 차이를 보인다. 하지만 송백의 가지는 차디찬 눈바람에도 오히려 자태가 더 늠름하고 나무 둥치의 의연한 모습에는 변함이 없다. 절조라는 기운은 항시 존재하지만 운이 쇠할 때 그 드러남이 더하고 추위가 닥친 후에야 지키는 바가 드러나게 된다. 천박하고 경솔하지 아니한 고결한 이 세한도를 보고 찬미(讚美)하지 않을 수 없다.

#12. 풍계분(憑桂芬)의 찬문(讚文)

華飾結衆悅 古皃非世諧   화식결중열 고모비세해
巖阿耿微尙 逈爲群忌階   암아경미상 내위군기계
화려하게 장식하는 것에 뭇사람들은 기뻐하면서
고고한 자태에는 세상이 기꺼이 어울리지 못하며
산골짜기 한 줄기 성덕(聖德)이 겸손하게 빛나도
뭇사람들은 애써 외면하고 기피하고 있구나!

金君振奇士 嶽嶽靑雲崖   김군진기사 악악청운애
端友高亮特 一氣沆瀣偕   단우고양특 일기항해개
勁骨夙所植 努力培根荄   경골숙소식 노력배근해
추사는 하늘이 낸 기이한 선비로 그 이름 세상을 떨치고 있지만
남과 달라 우뚝 선 모습은 푸른 구름 낭떠러지에 걸리어 있구나

두 사람의 깊은 신의가 밝고도 높게 바다의 기운으로 뻗치는 것은 일찍이 지켜 온 신의의 뿌리가 있어야만 가능하지 않은가?

舒藋際易春 豈不凡卉偕　　서위제역춘 개부범훼해
風霜一以厲 蒼翠逾等儕　　풍상일이려 창취유등제
세월 따라 다투어 꽃을 피우는 봄이나
무릇 왕성한 초목과 함께하지 않아도
서릿바람 사납게 몰아치면 송백의 푸름은 두드러지네

後凋宣聖訓 未嗟時世乖　　후조선성훈 미차시세괴
古窮道彌堅 勖矣君子懷　　고궁도미견 욱의군자회
공자의 가르침대로 세상의 그릇됨만 탄식하지 말고
곤궁할 때도 도(道)를 잃지 않는
군자의 본분을 가슴 깊이 새기고 품어야 하리

　공자 일행이 위나라의 군주 영공의 곁을 떠나 초나라로 갈 때 식량이 떨어져 굶주리고 몰골이 파리하게 되는 어려움을 겪게 된다. 게다가 일부는 병을 앓아 움직일 수 없는 상황에 처하자 참다 못한 제자 노로가 "군자라고 해서 가난하고 구차해도 되는 겁니까?" 하고 스승인 공자에게 거칠게 항의하였다. 이에 공자는 "군자도 곤궁해질 때가 있고 소인은 곤궁해지면 함부로 행동하려 한

:: 세한도에 붙어 있는 풍계분의 찬문(讚文).

다(君子固窮 小人窮斯濫矣)"고 답하면서 '도(道)란 풍족할 때나 어려울 때나 변함이 없으며 때로는 스스로 곤궁해져 봐야 비로소 그 진가를 알게 된다'는 진리를 깨우치게 한다. 풍계분은 공자의 말씀을 빌려 추사에게 닥친 고난이 하늘이 낸 걸출한 인물에 대한 시험으로 생각하고 함께 힘써 군자의 도를 이루자는 찬문을 쓴다.

#13. 왕조(汪藻)의 찬문(讚文)

四節遞推敓 世人競春容　　사절체추탈 세인경춘용
春容有憔悴 歲寒誰與同　　춘용유초췌 세한수여동

계절이 네 번 바뀌어도
사람들은 봄의 얼굴에만 관심을 다투고 있으니
봄의 얼굴이 파리해진 추운 겨울엔 그 누가 함께하려 하겠는가

翳彼松柏姿 鬱鬱凌嚴冬　　예피송백자 울울능엄동
胡爲標貞柯 偏在霜雪中　　호위표정가 편재상설중

그늘에 가린 송백의 자태는
무성한 모습으로 혹한 겨울을 능히 버티고
나무 끝 곧은 가지는
서리와 눈 속에 홀로 버티고 있음을 어찌 말로 하랴

匪伊異平時 俗眼多塵蒙　　비이이평시 속안다진몽
因思吉士心 守道無窮通　　인사길사심 수도무궁통

너는 여느 때와 다르지 않은데
속인들의 눈은 때가 묻고 어두운 까닭에
선비 된 마음으로 바라보니
도를 지키는 데는 곤궁함이 통하지 않는구나

根柢不雕落 繁華非所崇　　근호부조락 번화비소숭

棟梁待晚成 相期保初終　　동량대만성 상기보초종

뿌리가 깊다 하여 시들어 떨어지지 않고

번성하고 화려하다 하여 귀이 여길 것이 아니다

인재는 오래 기다려 만들어지는 것이니

우리 서로 한결같이 지켜 내야 하지 않겠는가?

:: 세한도에 붙어 있는 왕조의 찬문(讚文).

세상인심이란 것이 가위표 치기부터 시작되는 것일까? 도(道)가 곤궁(困窮)함을 만나게 되면 뒷걸음부터 치게 되는 것인가?

　자연 풍경에 빗대어 동량(棟梁)을 미처 알아보지 못하면서 동방의 예의지국이라 자처하는 조선의 염량세태(炎凉世態)에 한소리 가하는 모습이 틀지고 바르다.

　왕조는 역학(易學)에서 말하는 사물의 근본이 되는 도리, 천도(天道)의 네 원리, 원형이정(元亨利貞)을 들어 추사(秋史)의 존재가치를 부여한다. 원(元)은 봄으로 만물의 시초이며, 형(亨)은 여름으로 만물이 자라고, 이(利)는 가을로 만물이 이루어지고, 정(貞)은 겨울로 만물이 거둠으로 한 해를 마무리하는 여정을 표현한다. 사시(四時) 중 겨울을 뜻하는 정(貞), 만물이 성숙(成熟)해지는 덕을 의미하는 정(貞)을 거론함으로써 곧고 바른 가지로 혹한 겨울을 거뜬히 이겨 내는 기상이 곧 추사(秋史)의 덕(德)이며 마음이 곧고 신의가 있는 정량(貞亮) 또한 추사라고 찬사를 보내고 있다. 처음과 끝을 변함없이 아끼고 지켜야 할 것은 결국 사람이라는 인재를 얘기하는 대목에선 마음이 훈훈하다.

#14. 조무견(曺楙堅)의 찬문(讚文)

早聞秋史名 惜哉未一面　　조문추사명 석재미일면

일찍이 추사의 명성을 들었으나

아쉽게도 한 번도 만나지 못하였도다

疇人術旣殫 經史尤貫弗　　주인술기탄 경사우관찬

譬我賈董流 洵彼邦之彦　　비아가동류 순피방지언

주인(疇人) 학문은 이미 깨치고 경학과 역사까지 다 섭렵한 추사는

중국의 가의(賈誼)와 동중서(董仲舒)와 비견될 만한

참으로 뛰어난 동방의 선비로다

世事習模棱 先民有狂狷　　세사습모릉 선민유광견

詰曲傷迷陽 身窮道不變　　힐곡상미양 신궁도불변

세상은 모진 세파에 익숙해져 있고 선현(先賢)들 중에도 성질이

편협하여 정도에 벗어나 서로 상처 내고 곁눈질하고 곡해하며

속이고 헤매고 있는데 기나긴 귀양살이로 몸이 비록 곤궁할지라도

추사는 도(道)를 지키는 데는 변함이 없네

日下使車來 文酒設歡讌　　일하사차래 문주설환연

示我歲寒圖 寒林莽一片　　시아세한도 한림망일편

豈無桃李姿 三春露華衒   개무도이자 삼춘로화현

어느 날 이상적이 사신으로 오고 글과 술이 어우러진 연회에서
보게 된 세한도 속에는 엄동(嚴冬) 속 푸른 송백만 있고
화창한 봄 자태를 자랑하던 자두나무와 복사꽃은
어찌하여 이슬처럼 사라진 듯 보이지 않느냐

青蒼抱冬心 挺然傲霜霰   청창포동심 정연오상산
烏虖人間世 百年迅飛電   오호인간세 백년신비전

짙은 푸른빛이 동심(冬心)을 품고
빼어난 기품으로 서리와 싸락눈을 자유로이 즐기는 동안에도
아! 인간 세상 백 년은 번개처럼 지나가는구나

所期在千秋 勿與榮悴戰   소기재천추 물여영췌전
相逢不可知 請以此詩先   상봉부가지 청이차시선

이런 세태 오래 전부터 있었으니
영화롭다고 파리하다고 다투지 마세
서로의 만남 기약할 수 없기에 이 시로 먼저 인사를 청하노라

조무견이 추사에 대해 아는 것은 귀로 익히 들은 명성과 눈을 떼지 못하게 만든 세한도뿐이다. 그런 그가 송백에서 푸르른 동심(冬心)을 발견하곤 몸이 아무리 궁하다 하여도 도(道)를 내친 적

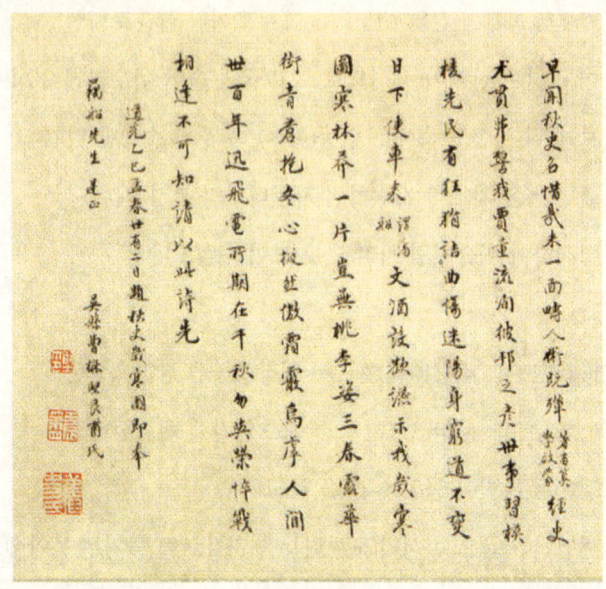
:: 세한도에 붙어 있는 조무견의 찬문(讚文).

없는 추사의 올곧은 기백에 갖은 예를 갖춰 칭송한다. 그리고 이런 추사 선생이라면 차라리 잡새들의 입방아가 없는 귀양처도 좋겠지만 인생이 너무 짧으니 그 뜻을 널리 펼칠 시간이 짧음을 한탄한다.

"아! 동량의 빛을 한번 뵙기를 청하여도 언제 이루어질지 몰라 안타깝지만 우선 시 한 편으로 인사를 청하노라."

얼마나 감동을 받고 마음이 통했으면 뜨거운 정(情)으로 훗날을 기약할까? 추사 또한 이 살가운 악수를 어찌 거절할 수 있겠는가!

#15. 장목(張穆)의 찬문(讚文)

昔從徐孺子 獲耳阮堂名　　석종서유자 획이완당명
畸人來海外 秘笈曜東瀛　　기인내해외 비급요동영

예전에 서유자(徐孺子)로부터 완당의 명성 익히 들은 적이 있는데
동방의 기인이 가져온 비장의 서책 조선에서 빛나던 것이로구나

前編補玉鑑 盛業恢松庭　　전편보옥감 성업회송정
阮堂所慕阮 見之喜且驚　　완당소모완 견지희차경
趣付劚劂氏 及門校算精　　취부기궐씨 급문교산정

전편(前編)은 옥감당(玉鑑堂)을 채우고
성대히 이룬 업적은 소나무 뜰 안을 밝히고 있어
완당을 존경하던 완원(阮元)은
이것을 보고 한편으로 기쁘고 한편으로 놀라
조각장(彫刻匠)에게 정밀하게 모사(模寫)하게 하였구나

原袟珍弄處 選樓峙高甍　　원질진거처 선루치고맹
老阮屋其下 著述老愈成　　노완옥기하 저술노유성

원본을 진귀히 보관하던 문선루(文選樓)의 용마루는 우뚝 솟고
늙은 완원(阮元) 그 아래 기거하며 수많은 저술을 하였네

耄勤古衛武 舊訓剔遺經　　모근고위무 구훈척유경
一函遠相貺 俗耳乍韶韺　　일함원상황 속이사소영

아흔 살의 노인 위무공(衛武公)은 물려받은 경전을 옛 가르침으로 만들어 한 질의 서책에 담아 멀리 보내 주니 잠시나마 속된 귀가 아름다운 음악을 듣는 듯하구나

端蒙初歲首 觴客拓軒楹　　단몽초세수 상객척헌영
阮堂高弟子 納琛達神京　　완당고제자 납침달신경

을사년(1845) 정초에 헌영(軒楹)에서 연회(宴會)가 베풀어지자 완당의 제자(李尙迪)가 공물을 전달하러 북경에 왔네

知我阮堂舊 袖圖出冬榮　　지아완당구 수도출동영
滔滔大海南 迢隔一水盈　　도도대해남 초격일수영
敬以老阮書 用慰阮堂情　　경이노완서 용위완당정
亭林顧氏譜 新梓快合幷　　정림고씨보 신재쾌합병

내가 완당의 오랜 친구임을 알고 소매 속에서 송백이 그려진 그림을 보여 주었네. 비록 도도히 흐르는 바다, 그 큰 물줄기로 아득하게 막혀 있어도 완원(阮元)의 책을 빌려 완당(阮堂)의 마음을 위로하며 고정림*의 서책과 새로 간행된 책을 합하여 보내노라

---

* 顧亭林 : 명나라 말기에 남은 학자로 지조를 굳게 지키고 학문이 뛰어났다. 조선인사 중 추사를 가장 흠모하고 존경하였다 한다.

得義與失意 絜量鴻毛輕　　득의여실의 혈량홍모경

뜻을 이루고 이루지 못한 바를 헤아리자면

기러기 깃털처럼 가벼운 것을

區區汲鄭慨 猶然世慮攖　　구구급정개 유연세려영

願回竈觚聽 金石劇歌聲　　원회조고청 금석극가성

願擴河汾敎 相業鬱崢嶸　　원광하분교 상업울쟁영

급암(汲黯)과 정당시(鄭當時)를 위해 구구한 변명도 못하면서

오히려 세속적인 생각에 얽매여 있구나

"공자는 춘추(春秋)를 읽고 노자는 부뚜막에 쭈그리고 앉아 듣는다(仲尼讀春秋 老聃踞竈觚而聽)"라는 의미를 돌이켜 보듯이 금석학으로 이름을 떨치고, 하분*의 가르침 대로 학문을 넓혀 업적이 봉우리처럼 높이 치솟기를 기원하네

세상을 살아가면서 닮고자 하는 것은 얼마나 되고 그 끝은 어디일까? 어떤 것을 본떠 그와 같아지길 원하는 닮은비는 여러 분야에서 여러 가지 형태로 나타나지만 그중 군자다운 기질을 닮고자 하는 욕구가 으뜸이다. 완당을 존경하고 닮고자 했던 완원(阮元)은 상사비(相似比 : 닮은비) 지수를 높이고 싶어 그의 문장을 조각

---

* 河汾 : 수(隋)나라 때 세워진 황하(黃河)와 분수(汾水) 사이의 학교 이름

사제의 정(情)—세한도　271

:: 세한도에 붙어 있는 장목의 찬문(讚文).

으로 똑같이 새겨 평생을 눈앞에 두고자 했다. 그러고 보니 명인
(名人)의 기질 속에 내포된 고집스러운 자세나 유별난 성격까지도
한눈에 알아보고 아낄 줄 아는 인재가 많았음이 비로소 슬퍼진다.
왜냐하면 이처럼 추사의 군자 됨과 재주를 알아주는 문장가와 인
재들이 모여 있는 곳이 조선이 아니라 청나라였기 때문이다.

#16. 장요손(張曜孫)의 찬문(讚文)

장요손은 뜻밖에 추사가 귀양살이를 하고 있다는 소식에 놀라면서도 세한도를 감상하며 추사를 만난 듯 기뻐함이 이루 말할 수 없었다.

八載離愁入杳冥 相逢意外眼逾靑
팔재리수입묘명 상봉의외안유청
팔 년 전 우선(藕船)과 나누었던 이별의 슬픔이 아직도 아련한데
뜻밖의 상봉으로 반갑기 이를 데 없네

中朝裙屐聯新雨 百里弧躧聚德星
중조군극연신우 백리호전취덕성
客邸淸尊開雅宴 西山爽氣落孤亭
객저청존개아연 서산상기낙고정
청나라의 많은 젊은 명사들과 우정으로 연을 맺어
백 리 길 마다 않고 한걸음에 달려온 덕 있는 인물이로다
객저에서 맑고 청아한 술로 연회가 베풀어지고
서산 너머 상쾌한 기운은 정자에 깃드는구나

舊遊回首升沈異 喜見搏扶起壯溟
구유회수승침이 희견박부기장명

孤雲絶島晝冥冥 獨客沈憂鬂不靑

고운절도주명명 독객침우빈부청

오랜 벗들을 둘러보니

출세한 자와 그렇지 못한 자로 나뉘어 있지만

서로 어깨를 치고 넘어지고 일으켜 주는 모습 반갑고 정겨운데

구름마저 외롭게 흐르고 멀고 먼 외딴섬 한낮은 어둡진 않은지

고독한 나그네 시름도 깊어 귀밑머리마저 살쩍이 세었겠구나

奇石喬柯何磊落 山榛隰艸總零星

기석교가하뇌락 산진습초총영성

기이한 바위에 우뚝 서 있는 나무는 큰 뜻 품고 호령하는데

산 덤불 속 초목들은 작은 흔들림에도

모두 시들어 잎마저 사라졌다네

傳經消息虞翻易 問字蒼凉揚子亭

전경소식우번역 문자창량양자정

一卷蕭疎千古意 後凋高節著淸溟

일권소소천고의 후조고절저청명

세한도의 발문은 우번(虞翻)*의 역학(易學)에 비견될 만하고

---

* 우번(虞翻) : 오(吳)나라 출신으로 역학에 능통했다.

고고한 기상 머금은 양자정(揚子亭)* 앞에서

품은 속뜻을 묻는 듯하다

그림 속 드믄 쓸쓸함에 사제의 오랜 정 담겨 있고

모든 잎 시든 뒤에도 변치 않는 높은 절개는 깊고도 푸르구나

:: 세한도에 붙어 있는 장요손의 찬문(讚文).

　스승과 제자 간의 관계를 양색단(兩色緞)이라 표현하고 싶다. 양색단이란 씨줄과 날줄의 색깔이 다른 명주실로 짠 비단을 말한다. 물론 씨줄은 스승인 완당이요 날줄은 제자 이상적이다. 비단을 짜는 손길은 거친 남정네의 손도 아니요 그렇다고 섬섬옥수 고

---

* 양자정(揚子亭) : 한(漢)나라 양웅(揚雄)의 정자로 세한도에 그려져 있는 집을 비유.

운 여인네의 손도 아니다. 행여 서로에 대한 믿음을 담은 바람이 아니었을까 싶다. 청량(淸凉)한 소슬바람이 불어오자 각기 다른 빛깔의 명주실이 두 마음에서 가늘게 풀어진다.

맑은 술잔 위로 겨울밤이 떨어지듯하다.
긴긴 밤 씨줄 사이로 날줄이 한 가닥 한 가닥 감기면
그들의 교정(交情) 또한 한 빛깔이다.

연회에 모인 16명은 각각 찬사를 담은 문장을 통해서 추사의 유배 소식에 대한 안타까움과 동정을 보내면서도 추사의 곧고 푸른 절개를 흠모하고 사제의 정이 지극함을 다투어 칭찬하였다. 깊이 생각하는 정이 못내 잊히지 않자 어떤 명사는 오래된 만남을 회고하기도 하고 어떤 명사는 새로운 연을 맺고 싶다는 간절한 마음을 두터운 신의와 정으로써 먹물 속에 담아 놓았다.

이상적은 우의 넘치는 대접에 감격하면서 사제의 끈끈한 정에 감복 받아 앞 다투어 지어진 16명의 송시(訟詩)와 찬사(讚辭)를 그림 뒷면에 두루마리로 엮는다. 추사의 오랜 친구인 장목(張穆)의 도움을 받아 단단하게 다시 철한 뒤 이 귀한 보물을 가슴에 품고 귀국한다. 그리고 돌아오자마자 곧바로 유배지의 스승에게 보낸다.

추사는 그린 지 1년 만에 다시 돌아온 세한도를 조심스레 펴 보았다. 세한도에 철해져 있는 명사들의 글귀 하나하나가 추사의 삭막한 가슴에 군불을 지핀다. 그 군불은 온몸을 뜨겁게 달구다가 이내 눈시울을 적시게 하고 그동안 조선에 대한 서운한 감정과 혼자라는 쓸쓸한 외로움을 위로할 만한 눈물이 멈추지 않게 한다. 수많은 중국 명사들의 찬문은 보고 싶은 친구들과 새로운 지인들이 보낸 글귀이니 얼마나 큰 위안이 되었을지는 보지 않아도 짐작이 된다. 특히 친구들이 보낸 찬문을 대할 때는 옛정을 견디지 못해 가슴이 더 뜨거웠을 것이다.

평생지기平生知己로 함께 했던 수묵화

스승이 돌아가셨다는 부음(訃音)을 받고 이상적은 시 한 수를 읊는다.

스승이 제자에게 변함없는 의리에 대한 고마움의 표시로 써 주었던 편지 세한도와 또 하나의 수묵화인 묵란도를 얼마나 소중하게 가슴에 품고 살아왔는지 알 수 있다.

   知己平生存水墨 지기평생존수묵
   素心蘭又歲寒松 소심난우세한송
   평생에 나를 알아준 건 수묵화였네
   흰 꽃대의 난과 추운 시절의 소나무

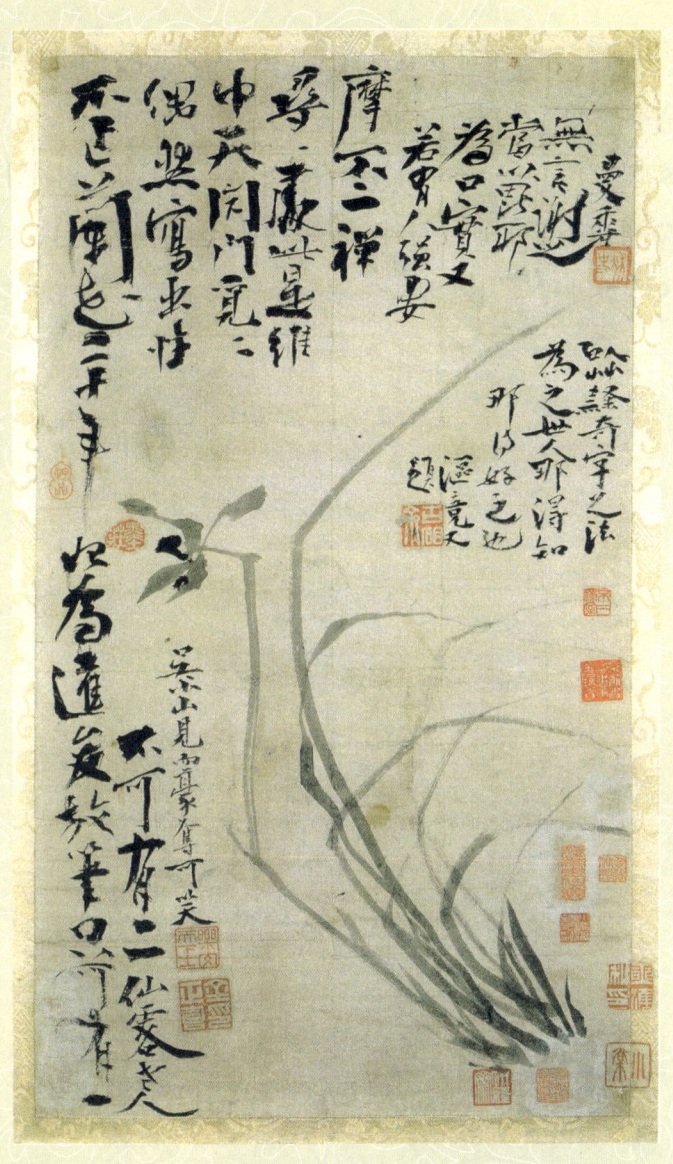

:: 불이선란도(不二禪蘭圖). 30.6×54.9cm.
추사의 난과 서체의 균형감이 뛰어나고 학문과 인품이 배어 있는 신품(神品)이다.
閩中肆外(굉중사외), 20년 만에 그린 그림에는 우연히 하늘의 본성을 그렸다는 풍부한 문장력과 감히 흉내 내기조차 어려운 필치가 변화무쌍하다.

지위나 권력에 따라 사람이 모여드는 부나비 같은 세태에 대해 시위를 당겨 튕겨 내는 일성(一聲)이 산 같이 근엄하다.

흐트러짐 없이 단정하다. 얼음장같이 날카롭다. 종소리처럼 맑고 분명하게 살다 간 추사의 여운이 그래서 더욱 아름답다. 더불어 이상적의 평생 가치가 그 여운 속에 늘 함께하고 있는 것이다.

미군 폭격을 가까스로 모면한
세한도의 숙명

세한도가 걸어온 유랑 길은 거칠고 험난하지만 모진 풍파(風波)와 차가운 세파(世波)를 이겨 냈다. 유배지 제주도에서 그려졌던 추사 김정희의 세한도는 제자 이상적에게 보내진다.

역관이었던 이상적은 동지사 이정응(李聚應)을 수행하여 연경에 갈 때 세한도를 가져가서는 많은 명사들을 감동시킨 후 받은 그들의 찬시와 찬문을 함께 묶어 다시 제주도의 스승에게 보낸다. 이후 다시 이상적에서 그의 제자 김병선으로 옮겨져 보관되다가 그의 아들 김준학이 물려받아 글을 쓰고 읊으면서 소중하게 보관된다.

그러나 일제 강점기에 이르러 추사 김정희의 연구자였던 경성대학 교수 후지즈카의 손에 넘어가게 되고 급기야 광복 직전인 1943년 10월 현해탄을 건너 일본에 넘어간다. 하지만 이를 안타깝게 여기던 서화가 손소전이 일본 동경에 있는 후지즈카를 찾아가 그의 집 앞에 여관방을 얻어 놓고서 석 달 동안 끈질기게 설득한 끝에 가까스로 거액을 건네고 양도받아서 종전 직전 다시 조국 땅으로 돌아오게 되었다. 당시 후지즈카가 소장하고 있었던 추사에 관한 수많은 자료들은 2차 세계대전 때 미군 폭격을 피하지 못하고 대다수 타 버리고 말았다. 세한도는 한 예술가의 열정과 집념에 의해 그야말로 구사일생으로 화(禍)를 면한 셈이다.

삼일운동 민족 대표 33인의 한 사람이자 서예에 뛰어났으며 서화 감식에 깊은 조예를 가지고 있었던 오세창은 세한도를 어루만지고 읽으면서 "마치 황천(黃泉)에 있는 친구를 다시 일으켜 악수하는 듯한 심정에 기쁨과 슬픔이 한량이 없다"라고 발문에 기록(1949)하였다. 아울러 시 한수를 적어 그 느낌을 더하기도 했다.

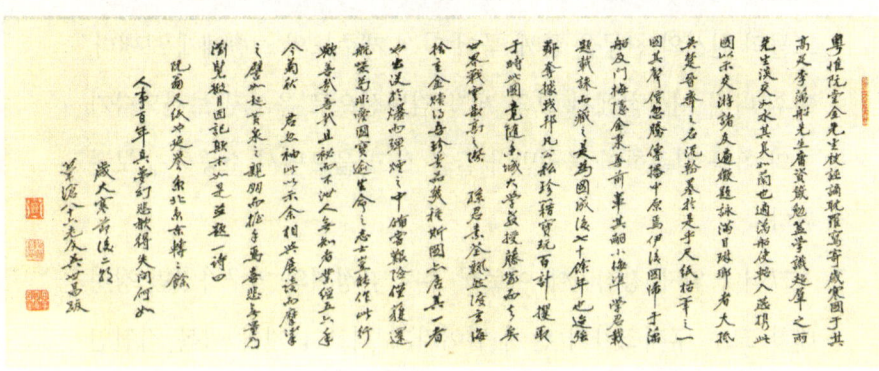

:: 세한도에 붙어 있는 오세창의 찬문(讚文).

阮翁尺紙也涎譽　　완옹척지야연예

京北京東轉傳餘　　경북경동전전여

人事百年眞夢幻　　인사백년진몽환

悲歡得失問何如　　비환득실문하여

완옹이 한 자(尺) 종이에 명예를 타게 하더니

세상천지 두루두루 떨치고도 남았네

인간사 백 년이 꿈과 환상임을 잘 알기에

슬프고 기쁨을, 얻고 잃음을 따지고 물어 무엇하리오

일본으로부터 세한도를 되찾아 온 손소전은 광복이 되기를 손꼽아 기다렸다. 해방 후에 서화의 명인들에게 요청하여 전시를 통해 세상에 작품을 내놓으려 했으나, 그 당시 권세를 엿보는 사람들의 아첨으로 인해 시대가 혼란스러워졌다. 이에 손소전은 세한도에 대하여 뜻을 같이 하고 의지와 기개(氣槪)가 맞는 오랜 벗인 정인보에게 발문을 부탁하였다. 정인보는 세한도에서 받은 감동과 세한도를 찾아온 내력 등을 발문 말미에 오언시로 썼으며, 손소전 학형의 부탁으로 광복 다음해 윤월에 쓴다는 내용과 훗날에 보는 사람들이 부질없이 글을 썼다고 여기지 않을 것이라는 부언도 잊지 않았다.

::세한도에 붙어 있는 정인보의 찬문(讚文).

嗚呼龍漢劫 草木不能保　　명호용한겁 초목불능보

國寶盡東渡 志士慘悔抱　　국보진동도 지사참회포

健者有孫君 雙手爭蛟龍　　건자유손군 쌍수쟁교룡

宛轉奪旣吞 舊物全自玆　　완전탈기탄 구물전자자

誰知一圖返 兆今江山回　　수지일도반 조금강산회

슬프다! 강탈당한 오랜 세월로 인해 한강을 지키던 용도

강산의 비옥한 초목도 보전하지 못하였구나

국보가 현해탄을 건너자

뜻 있는 선비들 참담함에 울분을 토하였네

손군이 강건한 의지와 정신으로

탐욕스런 무리들과 홀로 싸워 이미 빼앗긴 것 되찾아 오니

옛 유물 이제야 온전히 보존할 수 있겠네

그 누가 알았으리요.

잃어버린 줄 알았던 그림 다시 돌아와

이 강산에서 오랜 세월 면면을 이어가게 될 줄이야!

에필로그

생명의 씨를 손바닥에 올려놓고 바람이 불어 주기를 기다렸다. 바람 부는 대로 날아갈 수 있는 가벼운 삶의 무게로 운명처럼 살고자 했지만 내 생명은 바람에 쉬이 날리는 가벼운 홀씨가 아니었나 보다.

내 삶의 무게를 더해 가며 견디는 동안 사랑하는 사람들을 만났고 살아가야 하는 이유들이 한 가지씩 늘어났다. 하늘, 바람, 산, 강, 바다, 파도, 그리고 그 속에서 날갯짓하는 새 떼들……. 이러한 자연이 주는 혜택을 원 없이 누리다 보니 더 머물러야 할 핑계도 생겼다. 이런 이유와 핑계 속에서 해학과 눈물이 넘쳐 나게 해 주고 내 삶의 진한 향기를 느낄 수 있게 해 준 강릉에서 나는 한 권의 책을 완성할 수 있었다.

살면서 꼭 해야 할 목표 중에 한 가지였던 책 발간의 약속을 지킬 수 있어 스스로 대견하다. 그것도 천 년의 숨결과 향기를 담고 있는 편지가 주제가 되어 더욱 다행스럽다.

이 한 권의 책이 세상에 나올 수 있도록 많은 도움을 주신 분들의 환한 미소를 떠올려 본다. 힘들고 어려울 때마다 묵묵히 다독여 주며 힘을 실어 준 KBS의 동료·선후배님, 만년필을 선물하며 작가의 길을 독려하던 친구와 지인들, 채 정리되지 않은 원고를 한 권의 책으로 이끌어 준 해림당 시인과 민천 작가께 고마움을 전한다. 그리고 한결같은 믿음으로 기다려 준 사랑하는 가족과 삶의 의미는 결국 같이 호흡하는 사랑의 공간에 있다는 것을 보여 준 원고의 주인공들에게 이 책을 바치고 싶다. 아직도 가야 할 길이 많은 글을 흔쾌히 받아 주신 〈답게〉 출판사 대표님과 출판사 식구들께도 감사드린다. 하나하나 소중하기에 그 순위를 다 매길 수가 없다.

이제 또 다른 천 년을 이야기하기 위해 오늘도 나는 성급한 마음을 앞세워 어디론가 발길을 돌린다.

어디선가 검은 안경에 성긴 웃음 지으며 떠도는 객이라도 만나시면 저인듯 따뜻한 손 한 번 잡아 주시면 좋겠다. 소탈한 웃음소리 배어 있는 하회탈의 미소가 나를 잡아 끈다.

"어서 오시게."

2008년 4월 이재원

참고문헌

『오주석의 옛 그림 읽기의 즐거움』, 오주석, 솔.

『나는 오늘 옛 그림을 보았다』, 허균, 북폴리오.

『세한도』, 오성찬, 푸른사상.

『추사 김정희 : 학예일치의 경지』, 편집부, 국립중앙박물관.

『추사 김정희의 또 다른 얼굴』, 등총린저, 박희영역, 아카데미하우스.

『내 아들 딸들아 세상은 너희 것이다』, 안장환, 큰산.

『내 아들 딸들에게 아버지가 쓴다』, 허경진편역, 푸른역사.

『유배지에서 보낸 편지』, 정약용저, 박석무편역, 창비.

『간찰집 4』, 국립전주박물관 소장.

『능소화』, 조두진, 예담.

『역사스페셜 1~5』, KBS 역사스페셜, 효형출판

『다시 보는 역사 편지 고려묘지명展』, 편집부, 국립중앙박물관.